Carmen Díez Navarro

UN DIARIO DE CLASE NO DEL TODO PEDAGÓGICO

ROSA SENSAT

EDICIONES DE LA TORRE

MADRID, 1999

Este libro fue finalista del Premio Rosa Sensat de Pedagogía del año 1996

Dibujo de cubierta: María Van Der Hofstoolt Rovira

Proyecto Didáctico Quirón, n.º 46

Sorgo, 45 - 28029 Madrid
Tel. y Fax: 91 315 55 66
edicionesdelatorre@infornet.es
www.edicionesdelatorre.com
Asociación de Maestros Rosa Sensat
Avda. de les Drassanes, 3 - 08001 Barcelona
Tel.: 93 481 73 73 Fax: 93 301 75 50
rsensat@pangea.org
www.pangea.org/rsensat
ET Index: 282PDQ46
Primera edición: mayo de 1999
ISBN: 84-7960-245-7
Depósito Legal: M.21.209-1999
Impreso en España / *Printed in Spain*
Gráficas Cofás
Polígono Prado de Regordoño
Móstoles (Madrid)

ÍNDICE

Prólogo .... Pag. 9

1. El porqué de este diario .... Pag. 13

2. Análisis breve del grupo-clase .... Pag. 15

3. Diario .... Pag. 23

4. Punto y final .... Pag. 191

Dedico este libro a sus verdaderos protagonistas,
los «Pingüinos» del curso 1994/95
de la Escuela Infantil «Aire Libre», de Alicante,
con mi agradecimiento.

Y también a Antoni, mi «escribiente» particularísimo,
y a nuestros hijos, Noemí y Frederic,
con todo mi cariño.

Prólogo

Este nuevo libro de M.ª Carmen Díez continúa con acierto la larga tradición de diarios pedagógicos que narran en estilo sencillo y directo las vicisitudes y experiencias concretas vividas cotidianamente en la escuela.

Siguiendo este esquema que se aleja de la cita erudita o de la discusión meramente especulativa, la autora nos describe con su característico estilo, con el detalle del «día a día», todos los matices que intervienen no sólo en un proceso educativo cuyo objetivo es el aprendizaje sino, y esto es lo fundamental, las múltiples relaciones y afectos que la convivencia en la clase origina, contemplado como un proceso vital, abierto y comunicativo donde todo por insignificante que parezca tiene su importancia y cuyo valor es el desarrollo completo de cada personalidad individual en interacción mutua con los otros. Como ocurría en la clase del señor Bernard*, en la clase de M.ª Carmen «los niños y niñas sentían por primera vez que existían y que eran objeto de la más alta consideración: se les juzgaba dignos de descubrir el mundo.»

Cuando los profesionales hablamos de vanguardia educativa solemos reducir este término a aspectos metodológicos, teorías del aprendizaje, etc., pero nos resulta extraño todo lo que es muy innovador en lo afectivo, en lo relacional. Cuando leemos el libro de M.ª Carmen, sorprende precisamente eso: que los cambios no residen únicamente en una determinada metodología, sino en el modo de considerar y tratar los asuntos que atañen a las relaciones: los celos, los amores, los miedos, las angustias, las alegrías, los encuentros, los desencuentros... Y demuestra

* *El primer hombre.* Albert Camus, Editorial Tusquets.

con ello que posee una sabiduría antigua y certera al comprender que a los niños como a los grandes lo que más nos atañe y nos afecta son siempre los asuntos del corazón y que sin ellos bien resueltos difícilmente se pueden arreglar los de la cabeza.

No pensemos por lo dicho hasta aquí que la balanza se inclina hacia un lado en detrimento del otro. En la clase de M.ª Carmen existen muchos aspectos de los llamados pedagógicos que son nuevos e interesantes. Así, por ejemplo, los instrumentos de observación en los rincones, la distribución de espacios, el trabajo por proyectos, la investigación como método, el modo de ir creando las normas del grupo, los criterios y modelos de evaluación a corto y largo plazo... Todo ello es de por sí interesante y digno de mencionar como experiencia educativa innovadora. Pero es que hay un «además» en todo esto, es que ella, como una buena maga, sabe engarzarlo todo en un collar de cuentas de brillantes colores, en el que el hilo donde todo se enlaza es precisamente el asunto afectivo, «el piso de abajo», como ella misma dice. Así, jugando con el sentido del título, podríamos decir que este diario no es que sea «no del todo pedagógico», sino que es mucho más que pedagógico.

Ese exquisito cuidado que M.ª Carmen pone en conocer la senda por la que discurre cada uno de los niños en sus particularidades afectivas: por qué Jaume anda a la defensiva últimamente, o por qué a Beatriz se la ve demasiado exigente consigo misma, o Mara, lleva mucho mejor lo del nacimiento de su hermano, o a Paz le cuesta perder su lugar de «pequeña de la casa»... nos choca porque estamos muy habituados a pensar en la maestra como alguien que debe conocer muy bien el proceso en el que anda cada uno en aquello de aprender: si conocen el rojo o el azul, si ya pica Fulano con destreza, o si saben contar hasta el 9..., pero no en como alguien que osa indagar las auténticas preocupaciones y alegrías de sus alumnos. Al hacerlo así, de un modo valiente y tranquilo, segura de que este camino es auténtico, ella recupera en su sentido profundo la palabra vocación, el «oficio de maestra». Citando de nuevo a Albert Camus, la gran diferencia que existe entre un maestro y un funcionario profesional de la enseñanza es que «...éste transmite conocimientos amalgamados y seriados, mientras que el maestro comunica sobre todo una implicación en la búsqueda de la verdad». Al igual que en la clase del señor Bernard, la clase de M.ª Carmen siempre es interesante por la sencilla razón de que ella ama apasionadamente su trabajo.

Por otra parte, un aspecto que valoro como especialmente importante en este diario es el hecho de la existencia de la duda. Todas las maestras y maestros tenemos montones de dudas. Otra cosa es contárselas a otros, dudar sin miedo, abiertamente, esforzándose en expresar esa duda para intentar así encontrar una luz; expresar nuestras inseguridades para buscar una posible solución... M.ª Carmen lo hace de un modo valiente, fuerte y sincero. Y con ello se crea un lazo de complicidad con quien lo lee, pues ayuda a otros a hacer lo mismo, a echar fuera tantos fantasmas, tantos silencios. Con ello favorece que se abran caminos de comunicación entre los docentes, con las familias, con los niños y con uno mismo. Y esto es muy importante pues no puede haber grandes cambios sin que antes éstos se instalen en el modo de expresarnos, en el modo de crear una fluida red de relaciones.

En este sentido, es muy singular comprobar que al crear este clima especial en el aula, las familias se acercan también de un modo nuevo, hablando de lo que realmente importa, «yendo al grano». Sobre la importancia de las relaciones con las familias está todo prácticamente escrito y dicho. Otro cantar es llevarlo a la práctica de un modo natural, no forzado. Y en esta obra se ve impregnado de sencillez, de naturalidad, contemplando a los padres, a las madres, y a los abuelos como seres humanos y no como gente especial, como *los papás de...*, o como alguien de quien se desconfía, sino como alguien con quien se comparte la educación de su hijo o de su hija. Parece muy sencillo al leerlo, pero no nos engañemos. Como en las grandes obras, detrás de la aparente simplicidad, se esconde un largo camino recorrido, una profunda sabiduría fruto de larga experiencia. Saber escuchar, ponerse en el lugar del otro, descentrarse, explicar las cosas para hacerse entender y no para demostrar nada, confluir en ese gran objetivo de educar no es un camino fácil. Como nos dice una madre en la reunión de fin de curso: «Es unir lo de casa y lo de la escuela. Hacer de lo afectivo una fuente de aprendizaje».

A lo largo de la lectura de este libro, sin duda apasionante, nos vamos involucrando como observadores en el transcurso de la vida de un grupo de niños y de su maestra, y podemos comprobar cómo algo tan importante como es el desarrollo de la propia identidad (como individuo y como grupo) se va creando poco a poco como un rico tejido, compuesto de diversas señas de identidad, aparentemente anecdóticas (la coronita de cumpleaños que trajo Cleo para las chicas y la corona con espada que trajo Octavio para los chicos, los preparativos para montar un bar con la clase de al lado, las fotos de cuando cada uno era bebé, las poesías dedicadas, las fiestas con las familias...), pero que en su conjunto conforman un todo singular: los referentes que como grupo y como individuos los hacen únicos e irrepetibles.

Pequeñas observaciones de lo mínimo en definitiva, cuyo resultado, sumándolas una a una, es la realidad total de la vida en la escuela.

Beatriz Trueba Marcano
Asesora Educación Infantil
Centro de Profesores Madrid Centro

El porqué de este diario

Antes yo ocupaba buena parte de mi tiempo en reflexionar —sola y con otros— en las cosas de mi oficio. Que si la función del maestro. Que si los objetivos, el currículum, las programaciones, los papeles... Que si estar delante de los niños, al lado, detrás... Que si la paz, la coeducación, la ecología, la informática... Que si el derecho a la igualdad, a la diversidad, a lo individual, a lo grupal...

Y, mientras pensaba, los niños iban creciendo entre peleas, cariños, bullicio y cosas nuevas, ahí mismo, justo delante de mí. Por suerte, alguno de los días, me debieron de alcanzar unas gotas de sentido común (¡que ya lo iba necesitando...!), y pude entrever una manera de estar en la escuela, que ha afilado la punta a mi sueño pedagógico.

Así que ahora me dedico a trabajar con los niños persiguiendo deseos y curiosidades —suyas y mías—, incluyendo en el aprendizaje todo lo que nos interesa, nos atrae, o nos inquieta, y dándole sitio a ese «piso de abajo», que tenemos cada cual, y que es donde se cuecen los afectos, motores imparables que nos empujan hacia el saber, hacia los otros, hacia la vida...

Estar atenta a los brillantes tanteos de los niños, a sus peregrinas ideas, a sus chispeantes conversaciones, escuchar sus propuestas en firme de querer averiguar cosas sobre los pájaros, las sirenas, los esqueletos, o las pesadillas es tan entretenido, tan vivo, tan apasionante..., que no quiero ni acordarme de aquellos otros tiempos de cursillos y penas en los que, cargada de pedagógicas razones, intentaba enseñar, en lugar de aprender, y, sin darme ni cuenta, me iba alejando de la vida que se me brindaba, gozosa, a sólo un paso.

Y es que hacer de maestro, a lo mejor, no tiene por qué ser un asunto tan, tan pedagógico...

Es por esto por lo que me he planteado este mes de septiembre, y justo a los veinticinco años del comienzo de mi recorrido como maestra, hacer un seguimiento del grupo de niños y niñas de mi clase desde un punto de mira más amplio, más profundo, y menos convencional que en otras ocasiones.

Me gustaría ser capaz de reflejar, no sólo lo que va pasando día tras día, sino por qué creo que «llega a pasar», y, sobre todo, tengo empeño en explicitar lo que siento, lo que me preocupa, lo que me desconcierta, lo que temo..., de la cotidianidad en el aula. Hace tiempo que me vengo dando cuenta de que no muevo un dedo sin tener un motivo, las más de las veces implícito y semidesconocido hasta para misma. Y estoy jugando a averiguar qué «nortes» o qué «sures» son los que persigo cuando anoto en un papel la propuesta de algún niño, o cuando le pido a otro que hable, o que se calle, que se quede quieto, o que se mueva. Siempre es por algo, acertado o no. Siempre tiene detrás unos criterios, unos sentimientos, un estado de ánimo, una manera de ser y de estar.

Y como creo que me sería útil conocer algo mejor mis «porqués» y mis «cómos», voy a intentar atraparlos y ponerlos en palabras.

A ver si puedo.

Análisis breve del grupo-clase

Normalmente hago un estudio somero para prever en la medida de lo posible el tipo de grupo que voy a recibir, y así pensar mejor en cómo organizar y revestir el espacio, en cómo elegir los materiales, en el modo de plantear los primeros días, y, en fin, en buscar las mejores formas que se me ocurran para conectar con cada uno de los niños, según sus preferencias, sus historias familiares, etc.

Y aunque después la realidad no coincida demasiado con lo previsto, siempre me es útil escuchar lo que cuentan de ellos sus padres y sus maestros anteriores, tanto verbalmente como en los informes escritos trimestrales o de final de curso. Saber, el primer día de clase lo que les gusta, lo que les da miedo, los hermanos que tienen, su manera de encarar las dificultades, etc., me es realmente necesario como punto de partida.

DESCRIPCIÓN GRUPAL DEL GRUPO «PINGÜINOS»

Sexo: El grupo con el que me voy a encontrar está formado por 25 niños, de los cuales 19 son chicas y 6 son chicos.

Edad: 15 de ellos tienen tres años y medio, y los otros 10 están a punto de cumplir los cuatro años, siendo el margen máximo de diferencia entre unos y otros de seis meses.

1991	Abril (3'5)	Adela
	Marzo (3'6)	Octavio - Conchita - Yolanda Alicia
	Febrero (3'7)	Mara - Jaume - Lucía - Paz Carolina
	Enero (3'8)	Caterina - Juan - Susana - Mariví Pilar
1990	Diciembre (3'9)	Cleo - Carmen - Ángel
	Noviembre (3'10)	Néstor - Margarita - Irene
	Octubre (3'11)	Beatriz - Ana - César - Mireia

El curso pasado estos niños estaban ubicados en dos clases diferentes («Patets» y «Gavines»), ya que la distribución de plazas estaba basada en las fechas de permanencia en la etapa. Ahora hemos escalonado por orden cronológico todas las clases, esperando que este tipo de agrupamiento favorezca:

El estímulo debido a la imitación y al «apadrinaje» de unos con otros.

El trabajo a nivel alto, gracias a las propuestas abiertas, a la programación ajustada al grupo y al ambiente grupal de acogida y valoración que se intentará generar.

La integración de las diferencias individuales, etc.

De cualquier forma, lo lógico será que nombren a sus compañeros del curso anterior, que los echen de menos, que los busquen en el patio para jugar. Amigos de antes y de ahora, novios «antiguos», o actuales..., una buena mezcla para seguir adelante.

Paz, que es «nueva» en el colegio, aportará también sus diferencias y su adaptación, no sólo al grupo, sino también a la escuela, aunque el hecho de que sus tres hermanos hayan pasado por aquí (Pablo aún está en la clase de cinco años) la favorecerá y le dará seguridad, sin duda alguna.

Y la última en llegar, Alicia, también traerá, supongo, sus novedades al grupo.

NÚMERO DE HIJOS

En cuanto al número de hijos en las familias, hay dos grandes grupos: uno de «hijos únicos», que son diez casos, y otro de familias con más de un hijo, que son quince, (once familias de dos hijos, tres de tres hijos y una de cuatro hijos).

Según el lugar que ocupan, hay diez niños, que son «los pequeños de la casa», una niña que es «la mediana» y cuatro, que son «los mayores». Estos últimos tienen el hermano muy reciente, y aún no se habrán acomodado a la nueva situación. La mediana, presumiblemente, buscará un sitio seguro para ubicarse, aunque el hecho de que asista a la escuela su hermana pequeña seguramente le influirá para bien. Ahí podrá actuar como hermana mayor, sin repartir ese lugar con la otra hermana; que va a una escuela diferente (a 1º de Primaria).

Teniendo en cuenta que hay diez «hijos pequeños», más diez hijos únicos, que ya suman veinte, y que, además, estas cosas se «contagian» bastante, espero encontrar mucho mimo este año, así como celos y búsqueda de «lugares estables» en la dinámica grupal.

Hijos únicos			Jaume, Ángel, Conchi, Adela, Ana.
			Carolina, Mireia, César, Néstor, Alicia.
Más de un hijo	2 hjs.	Mayores	Mariví, Pilar, Lucía, Mara.
		Pequeños	Beatriz, Irene, Juan, Carmen, Susana, Caterina, Yolanda.
	3 hjs.	Mayores	—
		Medianos	Cleo
		Pequeños	Octavio, Margarita.
	4 hjs.	Mayores	—
		Medianos	—
		Pequeños	Paz

PROFESIÓN DE LOS PADRES

Por ver en que tipo de ambiente viven, aunque siempre aproximadamente, y más a modo de valoración personal, que de pura y objetiva realidad, anoto en un gráfico las profesiones de los padres.

Aparte de por jugar a imaginar el status familiar y cultural, las utilizo para tener más datos cuando hablo con los niños y me comentan algo de los trabajos de sus padres, y, también, para detectar qué profesiones son más atractivas o adecuadas de cara a organizar unas visitas, en las que los padres invitados están un rato en la clase, hablando de sus oficios, y contestando a las preguntas de los niños.

CARACTERÍSTICAS MÁS SIGNIFICATIVAS

Según los informes de fin de curso del año pasado, los comentarios de mis compañeros de equipo y la entrevista con los padres de «los nuevos», parece que este grupo se caracteriza por:

— La autonomía, en hábitos y en iniciativas.
— La alegría, las ganas de broma, el gusto por bailar, cantar y hacer fiesta.
— La afición a cuentos, poesías, teatro y pintura.
— Una cierta inmadurez en la motricidad fina (algo mayor que la habitual a esta edad).
— La seguridad en sí mismos en la mayoría, y la inseguridad en algunos.
— El mimo y la centración excesiva.
— Los celos y la rivalidad.

Hay también unas dificultades individuales o minoritarias:

— Les cuesta seguir las normas (a cuatro niños).
— Tienen algún problema relacionado con el lenguaje (cinco niños)
— No toleran la frustración más mínima (cinco niños).
— Dependen en exceso del adulto (seis niños).
— Se muestran tímidos (ocho niños).
— Les cuesta relacionarse (cuatro niños).
— Tienen algún problema con la comida (cinco niños).
— Manifiestan algún tipo de regresión (tres niños).
— Intentan mandar siempre (cinco niños).

Teniendo en cuenta todo lo anterior, creo que este grupo concreto va a necesitar:

— Campo abierto para la autonomía. Mucho «elegir» y dar paso a propuestas para provocar el trabajo en común, y para estimular la curiosidad.
— Un «empujón» continuado al grupo más inseguro.
— Romper papeles fijos, y valorar a cada cual en sus diferencias reales.
— Hablar mucho y claro de los sentimientos y los conflictos. Esto les vendrá bién a los tímidos, a los que tienen celos y a todos en general. Se tratará de utilizar la palabra como vía privilegiada de resolución de conflictos y de explicitación de sentimientos.
— Actividades específicas en torno a la comida (oler, probar, cocinar...), para estimular a los que tienen pegas en este punto.

— Mucho trabajo «de mano», para ir madurando poco a poco sus habilidades motrices.

— Cuentos y bromas, para hacer ambiente y encontrar un lenguaje común.

— Incluir al cuerpo, más si cabe que otras veces, por los retraídos, los dependientes, etc. Así que, mucho teatro, bailes, «trabajar» los gestos, psicomotricidad libre y dirigida... y, en fin, vivenciar corporalmente cualquier noción a asimilar. Sin olvidar el trabajo sistemático y cuidado sobre la propia imagen, y la identidad sexual. (Para que se vayan situando como personas enteras, para que se identifiquen con lo masculino, o lo femenino, para que estén seguros y contentos con ellos mismos).

— Muchas «actividades» creativas, o más bien, mucho ambiente que espolee la imaginación, partiendo de sus preferencias: cuentos, música, teatro, poesía, pintura...

— Tener siempre presente el substrato afectivo para que tenga sitio preferente y forme parte del trabajo como motor, que es, del aprendizaje (comentarios, dudas, preguntas sobre la muerte, el nacimiento, el miedo, los celos, el cariño...). Y es que si no se da paso, comprometidamente, a «las cosas de la vida» con los niños, es bien fácil que a algunos les cueste bastante esfuerzo conocer y reconocer cómo son, por esa conocida costumbre de «cuidar» y no hablar claro a los niños, con que se maneja esta sociedad. Además de que si no se explicitan y se van trabajando poco a poco estas cosas, se pueden acostumbrar a conservarlas dentro, sin que «les dé el aire», con los peligros de explosión o descomposición que ello supone.

— Intentar desde el principio un «aire» grupal, favoreciendo la descentración al valorar lo de los demás, y buscando una paulatina cohesión del grupo, aún disgregado por su procedencia anterior (de dos grupos-clase distintos y por su momento evolutivo, egocéntrico por excelencia).

LA CLASE

Así es que el espacio-clase este año tendrá previstos lugares para poder llevar a buen término estos planteamientos iniciales, que luego, ya sobre la marcha real y diaria, iremos modificando.

Algunos lugares serán:

— Rincones de juego: el garaje, la peluquería, los disfraces, las construcciones, el fuerte...
— Fotografías de la familia.
— Colecciones variadas (piedras, hojas, caracoles...).
— «Así somos» (color de ojos, pelo, sexo, altura...).
— «Novios» (corazones con las parejas que se vayan formando).
— El cartel con los nombres de los niños (y con el mío).
— El mural con las poesías «de regalo» que les haré.
— El sitio para hablar sentados en círculo.
— El sitio para cantar y bailar.
— El sitio para las cosas naturales: plantas, animales, plumas...
— El armario (para disfrazarse, para esconderse...).
— El sitio para «los experimentos» (actividades de conocimiento físico); ahí habrá lupas, imanes, linternas...
— El libro de los sueños (ahí apuntamos los sueños del personal).
— El libro de los trucos —o la caja— (donde anotamos técnicas, inventos).
— Lugar para anotar propuestas de los niños (muy a mano y con la obligación de que «se harán»).
— La caja de los recuerdos (con cosas que queremos conservar por algún motivo).
— La caja del «tesoro» (donde se guarda el oro, la plata, lo que brilla...).
— Fotografías («nuestras» o las que aportan los que van al circo, a la nieve, de viaje...).
— Poesías inventadas por ellos.
— Cuentos inventados e ilustrados por ellos (individualmente o en grupo).
— La colección de palabras que nos gustan (y que luego darán pie a aprender a leer sin apenas notarlo).
— Colecciones variadísimas siempre prestas a engrosarse (trozos de ladrillo de colores, telas bonitas, pañuelos, bolas de toda clase...).
— «Cosas que se traen de casa» (y quedan depositadas en un sitio para verlas, o usarlas en algún rato libre), por ejemplo: juegos, cuentos...

«A mi me gusta mi papá porque siempre está caliente.»
- Mireia -

Diario

12 septiembre 1994

¡Es el primer día de clase! Los voy recibiendo con una frase cariñosa, una broma, un gesto... Ellos sonríen, salvo Jaume, Marga, Yolanda y algún otro.

Desde el principio se monta un buen ambiente, alegre, con risas. Por ejemplo, en los juegos de presentación se van pasando unas gafas de sol y con ellas puestas dicen su nombre. Al llegar a César, seriamente se presenta: «soy Manuel»... y se queda tan campante.

Veo que «duran» muy poco en las actividades, ya que están alterados por ser el primer día, y además tienen una capacidad de atención y concentración bastante corta, les cuesta guardar el turno para hablar, recoger los juguetes, escuchar el cuento...

Dos preguntan si hay teatro, una «a favor», Lucía, y otro «en contra», Jaume.

Encuentro que son bastante autónomos en los hábitos de limpieza, comida..., en otras cosas tengo dudas por detalles que voy observando, pero es pronto para valorar. Sin embargo, con respecto a la timidez, esperaba mucha más, y no.

He querido que vieran cómo planteo las cosas, desde el primer momento, así que les he ido señalando las normas según iban haciendo falta: sentarse en círculo para hablar, ponerse en un tren para «hacer cola» o para ir al comedor... Si alguno no las seguía, se lo volvía a decir, insistiendo y manteniéndome en ello.

También he introducido (con dudas) los pictogramas para facilitar que ellos sepan y yo también, en un golpe de vista, la secuencia de actividad prevista para la jornada. Si luego hay cambios, ya los iremos viendo, pero de momento, parece que han captado tres símbolos: el que avisa de ir al patio que es un tobogán pequeño; el de la hora de comer, que es una cuchara cruzada con un tenedor; y el de «hablar», que es una boca. Por hoy, está muy bien. Cuando acabamos una cosa, la tacho, con muchos aspavientos. Ellos se ríen, aún no captan del todo la idea, pero ya lo entenderán poco a poco.

Algunos nombran a sus compañeros del año pasado o a sus «novias», como Octavio, que añora a Eva bastante. En el patio se ven y se abrazan, él viene luego, feliz, a decirme que Eva le ha dicho que se van a casar.

En el comedor hay una novedad: el *autoservicio.* Han de ir pasando con las bandejas, que recogen en una mesa, y colocándose el pan, la servilleta, los cubiertos, el vaso, el postre y el segundo plato; el primero se lo pongo yo. Con todo «cargado», se van tambaleantes a su sitio, y, al terminar, han de volver a «descolocar» los utensilios, y situarlos en cubetas para su limpieza posterior. Todo un ritual, que les cuesta asimilar, y hacer también. Será un proceso. (Varios ponen pegas a la ensalada en esta primera comida, por lo demás, comen bien, salvo Carolina y Pilar.)

Me siento «mirada» por todos y cada uno de ellos en todo momento.

13 septiembre 1994

De buena mañana presento un instrumento «raro» (eso les digo), es el «kazú». Lo prueban, y a unos les sale el sonido, y a otros no. Lo dejo en mi mesa, a mano de ellos, para que lo vayan cogiendo.

Cantamos la canción de *Robustiano*, y lo pasamos muy bien, es divertida, y se presta mucho a moverse, cosa que hacemos, por supuesto:

Cuando mi papá
bailó la conga por primera vez,
díjole mamá:
—Ay, Robustiano
no sabes mover los pies.
¡Así, así, así es como debes bailar!
¡Así, así!...

Después del patio, les digo que voy a hacerles un regalo «de palabras» que será distinto para cada uno, y les voy diciendo unos pequeños pareados, que les tengo preparados, con sus nombres. Escuchan las poesías medio con risa, medio extrañados, y les gustan, parece.

Las repetimos, algunos salen a «ponerlas en escena»... y al irse se las llevan anotadas en una especie de medallón con el borde de purpurina. (¡Todo un éxito!)

Anotaré aquí los pequeños poemas, porque creo que, al elaborarlos, tuve en cuenta ciertos datos o impresiones de los niños, que me gustaría explicitar:

1. **«Adela se montó en su alfombra, y voló como una alondra».**

Su maestra del curso anterior me había comentado que ya rimaba por sí misma, y que le gustaba hacerlo, por eso le hice así su poesía, algo más larga que otras y más «poética». Le di un toque mágico porque sabía de su gusto por presumir, y quizás eso de la alfombra, le recordara a Aladino y Yasmin...

2. **«Ana Oncina es una chica muy fina».**

Me habían dicho que era tímida, así es que le puse una rima corta y agradable, pero no muy «comprometida», así, si tenía que dramatizar, no tendría que hacer apenas nada.

3. **«Beatriceta sueña que va en avioneta».**

Me informaron que era una niña muy formal y algo retraída, con los adultos sobre todo, por eso en su pareado sale el soñar con algo divertido y arriesgado, como un cierto conjuro para que se relaje, para que se abra.

4. **«Carolina tomó mantequilla y corría más que una ardilla».**

Recordaba que su madre me comentó que tenía dificultades para comer. Esta niña sólo vino a la escuela el mes de junio pasado. Además, tiene unos ojos castaños y grandes, muy vivaces.

5. **«César bailó un pasodoble y los tambores le dieron un redoble».**

Me venía su imagen bailando en el patio, y en las actuaciones de padres invitados a participar en el Proyecto de música del mes de mayo pasado. Bailaba con tal satisfacción...

6. **«Cleo se encontró una perla y se la puso nada más verla».**

Al hacerlo pensé en Cleo, con su pelo pelirrojo rizado..., y me dió la impresión de que le gustaría. Se me mezcló un poco su imagen con la de su hermana mayor, a la que he tenido dos años como alumna, y a quien sí que le hubiera gustado el poema...

7. **«Conchi se comió una fresa, y se convirtió en princesa».**

Recordaba a Conchi con sus vestidos de colorines y su cara muy expresiva, y pensaba que haría un gesto de sorpresa ante la poesía (como así fue).

8. **«Carmen tomó hierbabuena, y parecía una sirena».**

Me gustan los nombres de las hierbas medicinales, y busqué una que rimara con sirena, porque sabía que la hermana de Carmen (que había ido a la clase vecina a la mía, dos años también) le gustaban mucho todas las películas de Walt Disney.

9. **«Caterina abrió su mochila, y le salió una bruja color lila».**

A Caterina me la cruzaba por el patio el curso pasado y siempre me ofrecía una gran sonrisa, o me daba una palmada en broma..., así que se me ocurrió una poesía divertida para ella.

10. **«Irene toca y toca sus sartenes».**

En este caso busqué una rima que «diera juego» para dramatizar, para dibujar, para sortear el turno.

11. **«Juan se puso una bufanda, y parecía un oso panda».**

Creía que era tímido y retraído, y, aunque tiene un poco esa apariencia, es comunicativo y abierto, de modo que la poesía le dió mucha risa, y siempre sale a «hacer el oso» cuando se la decimos.

12. **«Jaume es va menjar una pruna, i se'n va anar a la lluna».**

Jaume es valenciano-hablante, y por eso esta poesía está en esa lengua, que él usa. Salió una «pruna» para que rimara con «lluna», y lo de «irse a la luna» es para hacerle saber que me gustaría que saliera de sus miedos. (El año pasado lloraba, porque no quería ver teatro, ni oir música fuerte, ...)

13. **«Lucía bailó un cha-cha-chá, y se movía de acá para allá».**

La recordaba muy animada. El curso anterior me hablaba y me decía que le gustaba el teatro y cantar y bailar. Además es la única andaluza, y el acento me hizo pensar en algo «movido» y alegre.

14. **«Mireia se ha hecho amiga de una estrella».**

El recuerdo de Mireia era vago, y algo «llorón»; el curso pasado lloraba a la mínima pega, así que opté por salir por otro lado, más... divertido.

15. **«Mariví se ha tomado un pirulí».**

Una broma sin más.

16. **«Margarita parece una florecita».**

Margarita es delgada y alta. Es algo vergonzosa, y me dió la impresión de que le vendría bien un piropo.

17. «Mara tiene muy suave la cara».

Se la digo y le acaricio la cara, ella se ríe y gatea por toda la clase, nerviosa.

18. «Néstor destapó un flan, y dentro estaba Tarzán. ¡Aaaa!».

Tenía idea de que era algo serio y solitario en sus juegos, de ahí esta poesía «sorpresa».

19. «Octavio se comió un bollito y cantaba como un periquito».

No hubo motivo concreto para esta poesía, y curiosamente resultó que a Octavio le encantan los bollos, y además tiene una voz grave..., considerable.

20. «Paz se ha encontrado un antifaz».

Hace unos años tuve de alumna a María, la hermana mayor de Paz, y era una niña muy alegre. Por eso pensé en esta poesía para Paz, y porque entrara con risas, y no con llanto...

21. «Pilar cuando puede va a bailar».

No sabía apenas nada de ella, salvo lo del informe, y la pintaban más bien retraída. Una cierta llamada a bailar y a divertirse.

22. «Susana es suave como la lana».

Sabía que era tímida, y le hice un poema «tierno», para entrar en contacto... despacito.

23. «Angelet toca molt bé el tabalet».

Buscaba algo «sonoro» y llamativo, que hiciera a Ángel destacar, hacerse presente, ya que conocía su tendencia al despiste. También tuve en cuenta que su papá le habla en valenciano, lengua que él conoce y usa con fluidez.

24. «Yolanda taconea cuando anda».

Intenté darle protagonismo a Yolanda, ya que, según el informe del curso pasado, le interesaba mucho todo lo relacionado con las ropas, los tacones, el presumir...

25. «Alicia se encontró un tesoro, que era de un oso moro»

Alicia llegó a finales de octubre, así que le pude preguntar de qué quería su poesía, y me dijo «de osos y de tesoros». Yo le hice un pareado en ese momento, y ella al oírlo añadió: «*Y se lo di, porque era suyo*».

Ponemos un pictograma nuevo: al que doy el significado de ir a la sala de psicomotricidad, o «sala grande». Beatriz me sorprende diciéndome al irse: «te falta quitar lo del comedor», aludiendo al pictograma que había de tachar. Esto me indica que la cosa va bien. ¡Alguien lo ha captado ya! También me parece buena señal que Irene proponga en toda regla una idea de «archivar»: «Apunta en un papelito eso que decimos: somos los Pingüinos, somos los más finos y cuélgalo ahí arriba para acordarnos».

Esta frasecita en rima les hizo gracia ayer cuando se me ocurrió, y se pasan el día diciéndola, supongo que porque les da un sentimiento de pertenencia a su grupo-clase, aunque también puede ser porque les tranquiliza todo lo que es conocido y se repite, o porque, sencillamente, les divierte eso de «los más finos»... (El caso es destacar.)

Carolina se queja de su poesía porque ella la quería «de princesas», así que se la cambio un poco. Era: «Carolina tomó mantequilla y corría más que una ardilla», y ha quedado así: «Carolina tomó mantequilla y parecía una princesilla».

Irene y Carmen quieren que les diga su «canción», refiriéndose a los pareados, así que aprovechamos y los volvemos a recitar todos. La verdad es que veo que disfrutan con ellos. Algunos se saben ya el suyo y el de algún amigo, así que los dicen conmigo, muy contentos.

Hoy he dicho dos o tres veces: «me he equivocado», al poner una cinta de música por otra, al pintar los pictogramas en la pizarra... Lo digo expresamente, de cara a que se acostumbren a oír y a aceptar que todos nos equivocamos..., y no pasa nada.

He tenido que «pararles los pies» a algunos. A Susana, que viene hoy el primer día (aunque no es nueva en la escuela) y se empeña en no comer (llorando a gritos); a Carolina, que prueba a «saltárselo» todo; y a César ,que no puede parar de jugar ni un momento. Se han extrañado bastante, pero me lo han permitido, y han estado luego más tranquilos. Simplemente decirles lo que pienso ha bastado, y el convencimiento que han notado que tengo, la seguridad de mi actitud. A Susana, por ejemplo, en el comedor le he dicho algo así: «no te pasa nada, sólo el susto de venir el primer día después de las vacaciones y no conocerme aún, pero no hace falta que te pongas así, que esos gritos nos molestan a todos».

Han hecho un pingüino pintado, y recortado con tijeras. El trabajo estaba mal planteado, era difícil para ellos, sólo sabía recortar una minoría, así que, pretendiendo que fuera algo «de tanteo» para irlos conociendo, ha resultado excesivo. Les he dicho que el que no pudiera, que no se preocupara y que viniera a mi mesa y le ayudaría. Algunos venían, otros probaban solos; alguno ni empezó, pero sin apurarse. ¡Menos mal!

Margarita trae dos plumas de paloma del patio, y le propongo ponerlas en un botecito para «verlas todos» y así hacer una colección para la clase. Me mira con expresión asombrada y dice «pues no, que estas plumas son mías». ¡Me está bien empleado por adelantar acontecimientos y no tener paciencia para que ellos lleguen paso a paso a querer compartir sus cosas con los demás!

14 septiembre 1994

Susana, Néstor y Cleo traen unas fotografías de sus familias para ponerlas en clase; así que empezamos el día pasándolas a la mirada general, y luego las colocamos en el mural de fotografías de los «Pingüinos».

Jugamos a la pelota y a llamar por teléfono «a quien queramos». Empiezo yo, y varios me imitan. Otros hacen su propia conversación con las mamás, los papás o los hermanos mayores. Cuando le toca a Ángel, dice: «no contestan»; y algo parecido hace Conchita, que le da unos golpecitos al auricular, y comenta: «este teléfono tuyo no funciona».

En la puerta del armario, y bajo el título de: «así somos», tenemos unos gráficos para anotar lo que vamos viendo de nosotros mismos; si tenemos los ojos azules, marrones o grises; si somos morenos o rubios; si chicos o chicas... Hoy he pensado que podríamos empezar a rellenar alguno, y he pedido a los chicos que salieran para «verlos bien, contarlos y apuntarlos». Con algún despiste (Ángel), han salido. Ellas decían: «¡qué pocos son! Yo les he preguntado: «¿y cómo sabéis vosotros que sois chicos?». Silencio total. «Pero..., ¿qué pasa?» —les digo—, y repito mi interrogante. En eso oigo a Octavio contestar muy flojito: «a mi me lo ha dicho mi mamá». Juan le apoya: «a mí mi madre». César no dice nada. Y Ángel dice que él es como su papá y por eso es chico. Entonces yo les pregunto si tienen pene (Cleo traduce: «eso es la pilila»), y con la afirmación contundente de los chicos pasamos a la anotación en el gráfico. Luego ya salen las chicas, contentas y alborotadas, a pasearse por el centro de la clase, diciendo que ellas tienen «otra cosa», y la nombran con nombres «caseros», la mayoría. Ángel dice «vulva», desde su sitio; yo lo «recojo» y lo vuelvo a decir para que se vaya oyendo.

Lucía me pide permiso para traerse de su casa la ropita de sus muñecos «pa plancharla», que ella no tiene plancha. Claro está, le digo que sí.

Hemos hecho una «presentación de cuentos» algo fantástica mi compañera de nivel Tere y yo: «*El pirata Juanito,* desde allende los mares, nos ha enviado una caja de madera con su bandera, su gorro, su espada y unos cuantos cuentos sobre el mar. También venía un mensaje donde lo explicaba todo, y una cajita con un letrero en que ponía: —Cómeme mañana». Han quedado impactados.

Después del «montaje» y el tono misterioso y aventurero que le hemos puesto al asunto, hemos leído el primer cuento que había en la caja. En él se nombra un tesoro, y aprovecho para proponer el hacernos con un buen tesoro para tenerlo en clase. A todos les parece bien, así que quedamos en buscar cosas de oro y plata para nuestro tesoro. ¡Ah!, y una caja grande.

15 septiembre 1994

Cuando todos estaban sentados «en el corro», se abre la puerta y aparece la niña nueva, Paz, con su vestido de marinera, su mochila y una sonrisa seductora, que decía con toda claridad: «queredme por favor»... (o algo parecido).

Nos presentamos todos para ella, le leemos las poesías, le enseñamos la clase...

Entonces saco la caja que he encontrado para el tesoro, y unas cuantas pulseras, collares, y trocitos de oro y plata de adornos de bolso, que trajo una niña del curso pasado. Se las van pasando en silencio, veo en sus caras una cierta emoción. Empezamos a tener cosas en común (aunque de momento las aporte yo).

Cuando llega la hora del teatro, Jaume y Marga lloran porque no quieren verlo, dicen que tienen miedo. Les digo que eso era antes, que ahora ya son «Pingüinos» y han de salir a verlo. Aceptan un poco serios, y lo pasan muy bien. Se trataba de *Garbancito*, y el momento de tensión acabó de la mejor manera. Incluso al entrar a clase pidieron dibujarlo, y así lo hicieron.

Después del patio nos volvemos a reunir con los vecinos «Delfines» para leer otro cuento, el de *El pirata Juanito*, y para abrir, ¡por fin!, la caja del «cómeme mañana», que estaba encima del armario, y a la que de vez en cuando, desde ayer, me acercaba queriéndola destapar, para que ellos me dijeran que no, que tenía que esperar (y para que a la vez reconocieran las ganas que tenían de abrirla). ¡El caso es que lo que tenía la caja eran monedas de oro de chocolate! Una para cada cual, regalo del pirata Juanito. ¡Qué suerte!, nos las comemos de inmediato.

Cada día, desde el principio, hay un niño, o niña, que es «el primero» o «la primera» para ir en fila, para repartir las pinturas, para los recados, etc. Hoy veo que ya van entendiendo esta «costumbre» nueva; varias niñas me han preguntado: «¿Quién es la primera?...»

Adela y Ana me tirotean con sendas pistolas plateadas. Se sitúan, me hacen ver que no será tan fácil mandarlas. Es un aviso de su valía, de que se sienten fuertes, cada una a su manera.

Desde por la mañana digo: «¡Ay!, tengo un hambre!», a ver si se les abre el apetito (como me pasa a mi si otros hablan de comidas). A la hora de comer, les cojo cosas de sus bandejas las pruebo y hago ver que me gustan... No se si servirá para mucho, pero por si acaso.

¡Qué risa me dan sus demostraciones de egocentrismo! Sobra una chocolatina de la caja del pirata y César dice convencidísimo: «ésa, claro, será para mí». (Y no se explica que no sea como él suponía.)

Lo que me veo es demasiado cargada de firmeza y de insistencia con las normas. Que todos prueben las comidas (aunque no tomen mucha cantidad si no es de su gusto), que no hablen durante «el cuento», que no jueguen en el momento de una actividad colectiva... Total, que me suena a demasiado tanto ¡¡no!!, A la vez sé que estas cosas o las ven claras y estables, o tardan mucho en seguirlas, sobre todo los que traen consigo una cierta problemática en el tema, pero no puedo evitar la sensación de «policía» en este primer tiempo, y no me gusta.

He visto a Yolanda acompañando cariñosamente a Paz, y también a Beatriz. Paz, al rato de estar con Beatriz, le da una patada, y al preguntarle por qué, me dice que ya no quería estar más con ella.

16 septiembre 1994

Salimos a la «Sala grande» para hacer una sesión de *psicomotricidad libre* con telas. Juegan un rato largo —solos la mayoría—, algunas niñas organizan una especie de tren cogiendo una tela, y otro grupo de dos o tres chicos, con Beatriz, hacen de fantasma múltiple. Van detrás de unos y otros, y acaba la cosa con un juego de persecución colectivo, con cobijos: la casita de madera y el biombo, que usamos para el teatro... Los atacantes vienen a por mí en un cierto momento y, entonces me pongo a dar gritos: «¡soy la loba!, ¡soy la loba!»; a aullar y a perseguirlos a ellos. Resultaba muy esclarecedor ver a algunos extrañados, a Juan atacándome (y fuerte, por cierto) para defender a los demás, a Mara poniéndose a mi lado: «yo también soy una loba», y a cada cual haciendo lo que podía en ese rato, por el momento un tanto insólito. Después de varios ataques me atrapan y me escapo, me atrapan y me escapo..., y por último volvemos a clase sudorosos. Al nombrarles si querían pintar lo que habíamos hecho, oigo un gran ¡¡SÍ!!, y muchas lobas terroríficas emergen al momento en los dibujos.

En esta primera semana he visto que se van situando, se muestran, e incluso hay quienes se hacen cargo de determinados papeles.

— Cleo habla de sentimientos: «éste es mi novio» —dice, señalando a Juan, que asiente con un simple «bueno».
— Beatriz, Irene, Mariví..., van empezando a proponer.
— Octavio y Juan siempre luchan (algunas niñas también: Ana y Beatriz).
— César hace bromas verbales.
— Jaume capitaliza el miedo, Margarita le ayuda (aunque lo tengan varios más).
— Lucía todo lo pregunta.
— Ángel acapara el despiste y la distracción.
— Octavio se alegra de todo y apoya a unos y a otros (y a mí).
— Carolina ha tomado el mando y la centración a ultranza.
— Adela desafía mi autoridad (son más también los que me retan).
— Mara, Carmen, Mariví, Cleo, Mireia, Lucía, Caterina, Adela, Juan... se lanzan con entusiasmo a todo lo que se proponga.

Creo que mi actitud hasta ahora viene siendo:

• Clara, con firmeza en las normas.
• Intento tener un detalle con cada cual, aunque no los trato igual, sino según son o me parece que lo necesitan. Esto no lo entienden mucho, y lo preguntan, como Paz: «¿por qué ella se deja melón y a mí me dices que me lo tengo que comer?». Se lo explico y aclaro una y otra vez, pero aceptar las diferencias no es fácil.
• Suelo comentar en voz alta lo que siento, si estoy cansada, enfadada, o con muchas ganas de hacer algo, o pocas. También «resalto» o llamo la atención sobre comentarios similares que hacen ellos: «mirad lo que dice Juan, que se ha puesto tanta ensalada porque los niños aún no saben echarse poca..., y es verdad, sí». O: «veo a Mara un poco rara, ¿será por su bebé, que está a punto de nacer?».
• Estoy observándolos (y ellos a mí); nos tanteamos, nos mostramos, nos probamos, nos presentamos... Y veo cómo se establece la conexión necesaria para relacionarnos con claridad, y sin intermediarios. Los

padres, hasta ahora, han ido hablándoles de la escuela y de mí, para prepararlos para el encuentro. Ponían así las bases para la relación transferencial, que vendría después. (El puente estaba tendido). Pero ahora, una vez juntos, y «solos», ellos y yo... es cosa nuestra encontrarnos, o desencontrarnos. Ya veremos cómo se va dando.

Ya han pasado diez días desde el comienzo del curso y veo que han ocurrido muchísimas cosas, lo cual me hace medio desistir del propósito de escribir los acontecimientos, porque... ¡son tantos!... Sin embargo voy a intentar decir lo que pueda, a ver si al final me es útil este proyecto, que..., lo cierto es que me gusta.

He visto que estoy haciendo un esfuerzo por atar cabos, por conectar lo que veo de cada uno de los niños, con lo que sé de ellos, y también con lo que deseo. Y me parece por un lado bien, y por otro un peligro, ya que, si yo pongo mis deseos a funcionar, quizás haya una cierta manipulación o empuje hacia lo que quiero, sin respetar suficientemente lo que ellos quieren. Por ejemplo, Susana. A mi me gustaría que rompiera su doble o triple imagen de suave y débil con los adultos «desconocidos», de compañera alegre y un poco mandona con los iguales, y de mimada y tirana en su casa. Parece tímida y apocada, y, a la vez, se le ve «un toque» de ser amante del poder, de la juerga y de la broma...

Y me planteo desmantelarle el tinglado de ocultamiento, y que se muestre más entera, y que no haga tantas caras diferentes. Creo, de veras, que así estaría mejor, que no se desgastaría, ni se bloquearía ante las circunstancias mezcladas en las que se ve ante la familia, otros adultos, y niños, y en las que se queda como paralizada, y sin saber que hacer. Creo que sería bueno para ella, pero me da por pensar en que ella ha elegido ese modo de presentación al mundo, según sus vivencias, sus identificaciones..., sus cosas, y que yo no soy quién para entrar ahí a desmantelarle nada. Que es cosa suya probar a presentarse así, e ir modificándolo si ve que no le va bien. Y, al mismo tiempo, pienso que como es en estas edades cuando se sientan las bases de la personalidad, si puedo ayudar a que hagan consciente lo que hacen, a ella o a los otros, a lo mejor es un paso para que o bien se reafirmen, o elijan otra manera. En estas dudas estoy estos días. Tengo ganas de comentarlo con los otros compañeros, a ver qué piensan de esto.

Otro asunto en el que reflexiono últimamente es en la distinta manera de encontrarme con cada uno de los niños. Con cada cual una distancia, un modo..., para acercarme y ser admitida. Y, a la vez, mi propia forma de ser y de actuar, a la que ni puedo, ni quiero renunciar... Adela me observa, me provoca con su: «¡cállate!», del otro día, cuando estaba haciendo broma a alguien. Jaume me habla «de lejos» y a toda velocidad, con lo cual no me entero de nada (salvo de que quiere algo de mí, aunque no se atreve a demostrarlo claramente). Conchita me pregunta todo lo que tiene que hacer, me sigue, me seduce con sus caras y sus inseguridades, pero al pararla y decirle seriamente: «vete a jugar por ahí», se enfada, y no me habla hasta mucho rato después.

Y así cada uno de ellos, de forma distinta, van entablando una relación conmigo. Gastando las armas que mejor conocen, unos el mimo, otros el aparentar debilidad, otros el saltarse las normas; alguno la indiferencia...

Veinticuatro relaciones que empiezan y que no se repiten, aunque tengan un denominador común: el deseo de estar bien juntos. Deseo bastante justificado para unos egocéntricos totales —ellos—, y una parcial —yo misma—.

Muchos interrogantes están rondando en el aire en estas primeras semanas. ¡Menudo reto! De hecho, me «ocupan» el pensamiento hasta más de lo que quisiera. Me descubro pensando en algunas de las escenas pasadas, en lo que dijo Irene de que yo era una coqueta, o en lo que dibujó Juan: «soy yo; ¡ah!, me voy a hacer las manos que me hacen falta para ayudar a mi mamá». Los comparo inevitablemente con sus padres y sus hermanos, y con otros niños, o adultos. Se va armando una trama en mi interior imparable. Y veo que gran parte de esta trama es mía, y que no es tan real y auténtica como yo me quiero hacer creer. Tengo que estarme «cazando» en las hipótesis y obligándome a constatarlas con la realidad, por medio de la observación directa, de las entrevistas, y de todos los datos que pueda conseguir.

26 septiembre 1994

Hoy ha venido Mara con una noticia: «¡que ya ha nacido!». Lo ha dicho con una buena mezcla de emoción, mimo y miedo ante la llorará, se meará, se hará caca, olerá mal, le tirará del pelo («como a mi me hace mi hermana», decía Cleo). Yo he ayudado también un poco comentando que sí, que le causaría lío y molestias, pero que, la verdad, los bebés también dan gusto, y son guapos, y suaves... Irene, al verme tan convencida, me ha dicho en tono comprensivo: «¡ay, si tú tuvieras un bebé!»...

Cuando se iban a casa, en el espejo había un cartelito en forma de nube amarilla, en el que decía: ¡NOTICIA! HA NACIDO LUÍS, EL BEBÉ DE MARA. Adornado con un osito de trapo que se dejó Mara el otro día, y un chupete que hoy ha traído Mariví para jugar. También había un bebé recortado de una revista. Creo que conviene convocar los celos de todos los que los tengan, así ayudarán a Mara a no sentirse sola y pasar el susto, y a la vez se ayudarán unos a otros, verbalizando lo que sienten y compartiéndolo con los demás.

«Al dragón le ha salido un chichón»
- Óscar -

OBSERVACIÓN DE LA SESIÓN DE JUEGO SIMBÓLICO (45')

Irene y Conchi	—Juegan en la cocina.
Caterina y Mariví	—Han hecho una casa con piezas de construcciones y juegan a que viven allí sus muñecas.
Pilar	—Maneja la caja registradora.
Susana	— Pasea y mira.
Néstor y Juan	— Juegan con pistolas y animales de plástico.
César	—En el garaje.
Yolanda	— Peluquería.
Cleo y Mireia	—Se prueban cosas del tesoro.
Margarita y Paz	— Pintan en la pizarra.
Mara y Carmen	— Construyen.
Jaume	— Construye.
Beatriz y Octavio	— Luchan con puñales.
Adela	— Se pone joyas y se mira al espejo.
Ángel	— Mira.
Lucía	—Va con un carrito y una muñeca.

Después del patio hemos hecho juegos de agua, y he podido comprobar que se me ha olvidado este nivel, que no calculo bien su ritmo y sus posibilidades; así que he tardado un cuarto de hora largo en ponerles los delantales de plástico, porque ellos se iban entreteniendo y celebrando si eran rojos, con flores o con dibujos de éstos o de aquellos... Después ha venido el planteo de hipótesis que yo tenía interés en hacer, sobre si ciertas cosas flotarían o no al echarlas al agua. Ahí he visto cómo le vaticinaban amorosamente a una piedra de mármol brillante que «¡claro que flotaría!», o a un trozo de corcho, que seguro que no se hundiría, pero no porque era corcho, o porque no pesaba, no..., sino porque tenía forma de barco, y «los barcos no se hunden», que los han visto por el mar, «por la parte de arriba». Alguien ha dicho que vió hundirse uno en la televisión, a lo que Cleo, muy decidida, ha respondido: «eso sería que tenía un agujero».

Total, que luego han pasado al juego libre con embudos, botellas, coladores, trozos de manguera o tubo de plástico, etc. Estaban de cuatro en cuatro alrededor de unas cubetas con agua en el patio pequeño, anexo al aula, y ese rato sí que ha estado genial. Se oían exclamaciones de sorpresa y de alegría. Hasta he oído: «qué bien lo pasamos aquí, ¿verdad?», que le decía Mireia a Cleo. Todo un disfrute. Juego libre acompañado por los otros. Juego individual todavía, sólo cooperaban o compartían unos pocos. Es lo propio. Ha sido un buen momento. El siguiente no tanto, porque he tenido que cambiar de ropa a seis para evitar resfriados.

27 septiembre 1994

Hemos empezado recordando las poesías «de regalo» que les dediqué a cada uno de los niños al principio de encontrarnos. Escuchaban atentos, algunos las recitaban conmigo, o se movían intentando acompañarlas con gestos, movimientos o... César trataba de meter su baza personalísima en cada ocasión que podía. Si decíamos: «Néstor destapó un flan, y dentro estaba Tarzán», allá que saltaba él con que ayer se subió a un árbol y gritó: «¡Aaaa....!», como Tarzán. Si decíamos:

«Adela se montó en su alfombra, y voló como una alondra», él tenía que contar que tiene una alfombra en su cuarto... Y así. Me pareció oportuno en un cierto momento, decirle que no hablara, porque estábamos diciendo las poesías, y que luego ya tendría tiempo de hacerlo. Se quedó boquiabierto. Creo que ha escuchado pocas veces la palabra «no», y no acaba de explicárselo... ¿Cómo es posible que a él le diga alguien que no puede hablar..., que se coma un trozo de tomate para irlo probando, o que no se suba a la mesa?... Y eso es lo que le está pasando estos días conmigo, y no sabe aún que hacer. ¿Me las devolverá todas juntas? ¿O seguirá intentando que ceda por puro cansancio? ¿Se podrá fiar de un adulto que no parece «adorarlo» como hasta ahora ocurría en su ámbito familiar? ¿Qué será esto del «no»?...

Creo que la frustración es un largo aprendizaje, aceptar que no todo puede uno tenerlo o hacerlo, aguantar las dificultades, las pegas, los conflictos, permitir que los deseos que tan fervientemente se sienten pasen tantas veces de largo..., es duro, y hay que irlo asimilando muy poco a poco. No por ser la escuela la institución represora por antonomasia, pero sí también en la escuela.

Empezando en la familia, el «no» ha de irse conociendo un día detrás de otro: con la maceta que no pueden tocar, el fuego al que no se pueden acercar, la cama de los padres a la que no pueden acceder... Recuerdo a Eva, una niña del curso pasado, que lloraba si perdía en un juego o en una votación, y cuando sus compañeros le iban diciendo: «¡venga, a ver si aprendes ya a perder!». Porque lo cierto es que sí, que perder, aguantar un «no», tolerar la frustración..., son cosas que hacen muchísima falta, y que requieren un buen bagaje de experiencia.

Lo mismo que el compartir. Después del patio hemos hecho otro «experimento» con el agua, que consistía en echar cosas a ver qué pasaba, si se deshacían, o no, si se manchaban, o no... El caso es que sólo teníamos vasitos para la mitad de la gente y he repartido uno para cada dos niños. Bueno, pues ahí se ha visto y palpado cuánto cuesta darse cuenta de que el que se tiene al lado, es un «igual», «un otro» que también quiere mezclar y remover el aceite, el arroz o el Cola Cao del cacharrito... A algunos les era prácticamente imposible, por ejemplo a Jaume, a Paz, a Caterina..., Se lo colocaban delante y lo sujetaban bien fuerte para que el compañero no pudiera ni acercarse. Perfectos egocéntricos, como es lógico por la edad. Otros, por el contrario, ya daban un paso adelante: hacía turnos para remover el «mejunje», hablaban e intercambiar opiniones, risas o cucharillas.

28 septiembre 1994

La madre de Adela me ha dicho que al probarse una faldita que le había comprado se dió una vuelta rápida y sentenció: «ésta no vuela, como las que lleva Mari Carmen para ir a bailar».

Me gusta esta manera de conectar conmigo que ha elegido Adela. Ya no me lanza miradas, o tiros con la pistola. Ahora se acerca a mis gustos, se está empezando a identificar con la simbología femenina, que nombro y pongo en su conocimiento de la manera que puedo (en esta ocasión fue al hablar de lo que había hecho en el fin de semana).

He estado observando a Beatriz, está pendiente de mí en todo momento, busca agradarme y lo hace procurando seguir mis consignas (que ella cree que son algo muy valioso para mí) al pie de la letra. Antes que «equivocarse», me pregunta una y mil veces qué ha de hacer. Trabaja un poco, para, y vuelve a consultarme. Hoy le he dicho que lo piense ella misma, y verá que lo sabe. Ha quedado desolada, desconcertada, insegura. (Pero lo ha hecho.)

La he visto demasiado dura consigo misma. Creo que necesita tiempo..., y permiso para equivocarse (por cierto, en el juego libre se ha vestido de chico y se ha puesto a luchar fieramente, con seguridad, con firmeza. Un contraste curioso).

Estamos jugando con el agua estos días y les he recitado la poesía de García Lorca, *Canción tonta*:

Mamá.
Yo quiero ser de plata.

Hijo,
tendrás mucho frío.

Mamá.
Yo quiero ser de agua.
Hijo,
tendrás mucho frío.

Mamá.
Bórdame en tu almohada.

¡Eso sí!
¡Ahora mismo!

Luego salían de dos en dos a dramatizarla, y una era la madre y otro el hijo o la hija. Primero el hijo tocaba una lámina de papel plateado, luego un cazo con agua y, por último, una almohada, que sujetaba la madre. Ha sido muy clarificador para mí. Varios no han aceptado salir. Irene lo ha verbalizado así: «me da vergüenza». No los he podido convencer. De algunos lo esperaba (Jaume), de otros no (Lucía). En fin, ya veremos más adelante.

Ángel y Paz lo han hecho muy chocante. Él, lastimero, ella (que estaba medio afónica), a toda voz. Cleo ha dicho en vez de «bórdame en tu almohada», «¡guárdame en tu almohada!», y después varios se han «apuntado» a esa frase, que, la verdad, quedaba mejor que la original.

Mireia «obliga» enérgicamente a su madre a esperarla o a leerle algo siempre a la hora de irse, y sale con «mala cara» de la escuela casi todos los días. Hoy la madre me pregunta: «¿verdad que tú les leerás todos estos cuentos?; es que a Mireia le gustan tanto, que quiere saber pronto lo que cuentan». (¡...!)

Mara está un poco nerviosa con lo del bebé. Tarda en comer. Se mueve mucho. Está distraída.

OBSERVACIÓN DE LA SESIÓN DE JUEGO SIMBÓLICO (40')

Beatriz Mireia Irene Cleo Carmen Margarita	— Hacen rompecabezas en el suelo, pero cada cual por su lado.
Ana	— Hace un rompecabezas en la mesa.
Néstor Juan Octavio Jaume	— Luchan con puñales.
César Mara	— Modelan con plastilina. — Hacen comidas.
Carolina	— Modela también, pero aparte.
Yolanda	— Se mira al espejo haciendo caras.
Paz Conchita Mariví	— Juegan en la cocina.
Lucía	— Almuerza y mira.
Ángel	— En el garaje.
Caterina Adela	— Modelan con plastilina. — Hacen comidas.
Mara Susana	— Hacen comidas.

29 septiembre 1994

Una voz amenizaba hoy la entrada a clase. Era César cantando la mar de entonado: «*¡Ay, qué pena me da que se me ha muerto el canario!*». Varios lo han coreado, yo también. Cuando ha calculado que ya me tenía bien impresionada, se ha acercado con cara de manso a decirme: «¿puedo ir a jugar ahora un ratito al garaje?». Le he dicho que teníamos primero que hablar y luego bailar un baile nuevo, y se ha conformado (¡Qué gracioso ha sido lo de quererme envolver en sus artes para lograr lo que quería!) Después del patio teníamos un trabajo de plástica para hacer, y otra vez ha utilizado sus originales sistemas de «despistaje». Ha cogido nuestro teléfono rojo («verdadero»), y se ha puesto a charlar. Al llamarlo para que se sentara, ha dicho indignado: «¡no puedo ir!; ¿es que no ves que estoy hablando con mi madre?». Sin cambiar de expresión, le he contestado en su mismo registro: «¡ay, bueno, pues avísale que tienes trabajo, y tendrás que colgar!». —«Vale» —ha dicho el pobre—, y ha colgado...

Octavio ha traído en una botella de plástico un poco de agua, diciéndome contentísimo: «traigo agua, ¡AGUA!» Pero yo no me he dado cuenta de la fuerza que ponía al decirlo, de la ilusión de su cara..., y le he dicho, —creo—, que «bien», y ya está. Me rondaba con lo del agua y al final he «caído» en su intención de seguir pensando en su casa en el asunto que nos movilizaba aquí en clase. ¡Qué fallo! Y gracias que he podido arreglarlo un poco, diciéndoselo al resto de sus compañeros: —«¡Eh, mirad lo que trae Octavio de tanto que le está gustando jugar con el agua!».

Hoy Carmen le ha traído a Mariví una estrella (de ésas que se comen de aperitivo). Ha sido un buen detalle, pero no he dejado que se la comiera, porque no sabía si podía o no tomar ese alimento. (Es celíaca.) He mirado a Mariví y la he visto seria, pero aceptando su circunstancia. Me parece admirable cómo esta familia lleva el tema de la intolerancia de la niña al gluten. Régimen en casa y en la escuela, estudio de todos los alimentos, pertenencia a una asociación, vigilancia, cuidado e información a todos los que están en contacto con Mariví. Y, sobre todo, las explicaciones a ella, que controla su apetito y sus caprichos, en este sentido, con más fuerza de voluntad que muchos adultos.

Hemos estado bailando en un corro grande, y nadie se ha acordado de que tenía vergüenza. ¡Mira qué bien!

Me preocupa Ángel. Creo que «se hace el débil» más de lo que es. Está metido en el papel de pequeño, flojo, despistado..., y no sabe salir de ahí. No estoy segura aún pero, por si acaso, le saco a relucir a cada momento, le «muevo», le nombro..., a ver si deja de «ausentarse» tanto. Hablaré con sus padres. Habría que ayudarle a romper ese papel de debilidad.

30 septiembre 1995

Adela hoy me ha pegado una palmada fuerte en el brazo y le ha «aconsejado» a Caterina que hiciera lo mismo. Sigue el desafío. Parece que le viene mal aceptarme sin reservas y me quiere hacer ver su fuerza. Al recogerla sus padres, veo que les pega medio cariñosamente, medio con chulería. Ellos le dicen: «basta». Repite ese modo de relacionarse conmigo

Intento hacer una votación, pero no lo entienden todavía. Son incapaces de «no votar». Se trataba de elegir entre dos cuentos que les entusiasman: *La pesadilla en el armario* y *Los tres bandidos...*, y no podían dejar ninguno de los dos. Levantaban la mano con la primera propuesta y después con la segunda. Tendré que intentarlo más adelante, y por medio de «palitos» en la pizarra, o algo así. ¡Ya veremos!

Me vengo fijando en las cosas que me molestan más (las que me gustan las tengo más claras). Y lo que descubro me inquieta, porque los niños responden a ello tan perfectamente..., que me da miedo excederme en mis demandas, o seguir demasiado al pie de la letra manías particulares. Una, por ejemplo, es la molestia que me generan las interrupciones. Por supuesto, las que me hacen a mí cuando estoy contando un cuento, o explicando una actividad, pero también las que se hacen entre sí. Y pretender que un niño de esta edad controle sus ganas de hablar, de moverse, de jugar... es mucha pretensión. El punto entre el mantener la norma de respeto a la palabra del otro y el exigir algo tan costoso como es el frenar el propio deseo..., es para mí un punto delicado y difícil con frecuencia.

Otra cosa que me cuesta soportar es la distracción. Por lo visto, creo que lo que cuento, digo o hago es tan absolutamente atractivo y magnífico..., que me resulta impensable que ellos miren hacia otro lado, o piensen en otra cosa... Aunque me dé vergüenza reconocerlo, así es, sin embargo, a poco que me pare a razonarlo, sé que cada cual sigue su propio hilo de pensamiento; y ahí es adonde va «enganchando» las nuevas informaciones..., si es que quiere y tiene a bien incorporarlas, porque si no, por muy bonito que uno crea que lo hace..., se le distraen.

He estado hablando con los compañeros sobre aquella duda de hasta qué punto es correcto el intento de romper papeles fijos en los niños; papeles que, según nosotros, «los adultos educadores», les vienen peor que mejor. Han salido a relucir muchos ejemplos, y hemos llegado a la conclusión de que se trata de ir en línea creciente hacia la salud. Es decir, que entre ser una persona con dificultades para comunicarse, retraída, tímida..., y poder expresar lo que uno quiere con soltura, esto último es mejor, y habría que tender hacia ahí. O en otro tipo de cosas, niños o niñas fuertes, decididos, seguros, mandones..., que no conciben el juego ni la amistad si no llevan ellos la voz cantante... Seguramente les vendría bien oír que los demás se les quejan en un momento dado, o disfrutar al seguir un juego que inventa otro... Aún con el riesgo de equivocarnos, y además con mucho respeto, hemos quedado en facilitar la rotación de papeles, para que cada cual pueda probar y elegir lo que le sea más conveniente, placentero y saludable.

3 octubre 1994

Estoy un poco agobiada por la sensación de repetición que puede tener este «diario». Lo he releído, y veo nombrado el egocentrismo por todas partes. En las descripciones de lo que va sucediendo y en tanto pasar todo por mi criba, mis opiniones, mi análisis... Quiero que me sirva para distanciarme un poco de la realidad, para contar mi experiencia, para encontrarme los remiendos y los errores, y así poderlos controlar, corregir, o aceptar. Quería también que fuera algo que reflejara la ternura, el asombro, el placer que tan frecuentemente siento en mi trabajo. Y el impulso fuerte e inevitable al invento, a la creación, a la búsqueda curiosa de nuevas pautas... Quería ver escritos y «sujetos» los chispazos de pensamiento y de sentimiento que me atraviesan a gran velocidad un día detrás de otro. Y quizás sea mucho querer...

¿Y si me conformara con hacer un diario como todos los años, con los acontecimientos que buenamente pasan en la clase? Si estas anotaciones van además un tanto aderezadas por este aire de volcar más mis propios planteamientos, mis dudas y mis cosas..., igual es más que suficiente, y me quedo más tranquila; si no, tendría que abandonar, la verdad, porque en sòlo quince días de clase, ya estoy rendida de tanto escudriñarme y tanto darle a la pluma.

Mara se pone muy mimosa cuando le toca el turno de hablar en la asamblea, y yo comento: «¡Qué mimosa estás desde que tienes el bebé! A ver si te crees que lo quieren a él y a tí ya no; pues eso no, no te preocupes, que tú estabas antes, y te quieren mucho tus padres».

—Sí, —me contesta— hoy me ha dado mi mamá jarabe, y eso que no estoy constipada...

Lucía se queda muy seria al oir esto y dice: «yo también tengo un bebé» —pidiéndome un comentario especial para ella. Así que se lo repito, y lo hago extensivo a otros en su caso: «Estas cosas les pasan a todos los que tienen un hermano, eso es así».

Al salir al comedor, Mara se pilla el dedo en la puerta..., pidiendo ayuda y cuidado, parece.

Y es que cada cual sigue su propio hilo interno de desarrollo, como si siguieran una conversación, una motivación, un generador particular de alegrías o de penas. Es un hilo, sin duda, familiar. Un cordón umbilical semiinvisible. Mara con su inquietud ante ese hermano extraño, extranjero, venido de fuera, distinto a ella, nuevo, ¿peligroso?...

Ángel con su presencia/ausencia. Con su fuerza/debilidad. Beatriz con su camino directo a buscar la perfección.

Y así todos..., y me «hablan» a mí de su «hilo», como si realmente yo fuera el interlocutor válido del otro lado..., y no lo soy en realidad. Virtudes de la transferencia. Oportunidades de revivir los lazos primitivos de otra manera..., quizás. Pero me asusto. ¿Y si no me doy cuenta de las cosas necesarias? ¿Y si me confundo? ¿Y si aboco lo mío?

Sin embargo, haré acopio de fuerza y asumiré que no será perfecto, y que tendré errores... Y que las cosas «son así...», como suelo decirles a ellos.

6 octubre 1994

Hemos celebrado el primer cumpleaños del curso. Era el de Beatriz: ¡cuatro años! (¡qué pequeños son!, ¡qué suerte tienen de estrenar una vida..!). Un cartel de regalo, un ritual de felicitaciones, alegría en el aire... Hoy ha habido la primera «clase» de valenciano. Estábamos juntos los «Delfines» y nosotros. Caterina nos ha enseñado a decir: «adéu». Mariví ha cantado una canción muy bonita:

Nanos i gegants,
xicotets i grans,
van pel carrer,
sempre van ballant.

Juan, otra: *La manta al coll*; en su jerga especialísima, que más recordaba al vasco, que al catalán.

Ayer Juan dijo algo que me dejó un poco «tambaleada» y pensativa. Estaban «picando» la puerta de un castillito que se plantaba, y lo oí aconsejarle al compañero: «pica por la rayita, porque zi no picas por la rayita, la zeñora se enfada, pero si picas por la rayita, la zeñora se ríe».

La verdad, me asusté, lo sentí como una crítica a una posible exigencia autoritaria... Después de «posado», lo he vuelto a pensar, y me he ido tranquilizando. He visto que es cierto, que es lo que ellos ven cara al exterior, cuando yo actúo «de maestra», que es preciso; que ellos hacen las cosas por agradarme a mí, que eso es la transferencia también, y que es cuestión de asumirlo. Por si era un autoengaño lo he hablado con Valentín y Encarna en el patio, y también lo ven así. Bueno..., menos mal.

11 octubre 1994

El otro día me quitaron el monedero, y en la asamblea lo dije. Hoy, Octavio me ha traído uno negrito y viejo de su casa, aunque no se ha atrevido a ofrecerme el regalo. Me he enterado indirectamente, por una llamada telefónica de su madre, que dudaba de toda aquella historia que creía que él había imaginado. Me he acordado del día que trajo el agua, pero no me decía con claridad su gran interés por el asunto. Por lo que veo, Octavio lo vive todo muy a fondo, pero le cuesta aún expresarlo, lo hace más de manera no-verbal, con su expresión de alegría constante, con sus «¡chisss...!» para que lo dejen escuchar mejor el cuento, con sus aportaciones... Qué emocionante este entusiasmo. Qué bonito.

Adela contó que había soñado con Juan, y anoté el sueño en un papel, delante de todos. He confeccionado una bonita «tapa» del *Libro de los sueños*, y hemos incluído aquellos, y algunos más de hoy. Recuerdo, por lo chocantes, dos. El de Mara, que se estrena de hermana, y que ha soñado «que estaba jugando con un muñequito». Y el de Conchita, que espera un bebé en breve: «he soñado con los angelitos».

Hemos hecho una primera sesión de lo que será el teatro en clase (pequeñas dramatizaciones con escenas sugeridas por mí, de momento, y reparto de papeles también mío). Les han encantado. Nadie se ha negado a participar. Yo tenía que hacer de narrador, y ellos iban apuntando frases, y actuando. Aunque era muy dirigido, ha estado muy bien. ¡Buen comienzo de temporada! Hasta Jaume que tiene miedo a ver el teatro de los viernes, en la Sala grande, ha actuado, y ha mirado a los otros tan tranquilo.

Por la tarde hemos jugado a hacernos «casas-refugio» en la clase. He sacado los bancos al pasillo, y he cubierto las mesas con colchas, cortinas, y demás telas al efecto. Al entrar, César ha dicho: «¡uy, yo nunca he visto esto aquí!»; y se ha metido a toda velocidad en una de las cuatro casas. A continuación, todos le han seguido, y en unos segundos no se veía un alma en clase. Han hecho «durar» este momento tan nuevo, y luego han empezado a salir a recoger cosas que «les hacían falta». Varias niñas, un bebé. Otras, cacharros, coches, cuentos..., En un rato cortísimo... ¡han vaciado la clase y la han metido debajo de las mesas..., en sus flamantes casas!

Como a alguien se le ha ocurrido subirse encima, a «arreglar el tejado» y no he dicho que no (normalmente no les dejo subirse a las mesas...), la novedad ha multiplicado el número de los arregla-tejados. Varias niñas han salido de allí abajo con muñecas escondidas en la ropa, estaban «esperando bebés». Entonces Juan ha dicho que su mamá espera uno, y Adela también (no sé si será así o no). También ha explicado Juan que «para nacer, el médico les abre la barriga, y salen los bebés». Yo he dicho que hay un agujerito para salir y que está en la vulva, y lo he señalado. Se ha callado, y ha acabado la conversación diciendo: «claro, y se hará grande el agujero para que salga el bebé, si no, no cabría».

13 octubre 1994

Le he hecho una «encerrona» a Octavio. He comentado en voz alta que quería comprarme un monedero, pero que no me quedaba dinero. Entonces dice: «mañana te lo traigo». Por fin «se pronuncia»..., aunque con algo de ayuda.

Oigo hablar de «embarazadas» en todas las sesiones de juego libre. Por cierto, la madre de Adela, dice que sí que está esperando otro hijo.

Hablan de sus casas y sus familias. Juan dice que su padre, cuando acaba de comer, se chupa el dedo gordo. Paz, que su papá se llama Juan y es un «cara enfadado»... A Yolanda lo que más le gusta de su casa es que se ven las estrellas. Mara se queja del llanto de su bebé; Mariví de que le tira del pelo. Ana de que le muerde. (Yo no sabía de este bebé..., proliferan...) Hoy enviaré una cartita para pedir información a los padres sobre las familias.

Mariví pone su nombre en la pizarra, y dice que se lo ha enseñado su mamá. Juan comenta, entonces, que él no debería llamarse Juan, porque «ya hay otro con ese nombre», que es un amigo suyo. Paz se lo complica un poco más, diciéndole: «pues en mi casa hay dos que se llaman Juan: mi padre y mi hermano». El se pone hasta serio, y dice que no puede haber «tantos Juanes». Yo le he aclarado que los apellidos diferencian, y que, sobre todo, «su cara no la tiene nadie más», que no se preocupe... Ahí se convence por fin. ¡La identidad!

Amigos:

Estamos empezando a hablar de «las casas y las familias» en clase, y queremos pediros que enviéis con los niños un papel donde se cuente algo de vuestra casa y algo vuestro: lo que os gusta hacer juntos, alguna anécdota..., lo que sea. Lo leeremos en clase, así que intentad que no sea largo, y que les guste oírlo a ellos.

De paso, os recordamos que mandéis la foto familiar para tenerla a la vista todo el curso.

Gracias de antemano. Un saludo,

Las maestras del nivel.

18 octubre 1994

En días tan llenos como el de hoy es cuando me doy cuenta de mis prisas, de mi excesivo ritmo de trabajo, de mi intolerancia a renunciar a lo previsto... Aunque «lo previsto» sean cosas tan buenas y «aprovechables» pedagógica y grupalmente como las que contaré a continuación, a veces son demasiadas, y esta aceleración que se monta en el aire, no sé, pero creo que no es buena del todo. Intentaré analizarla, a ver si me aclaro un poco.

Por una parte está lo que yo tenía preparado para hacer en este día; por otra, lo que los niños han traído —que ha sido mucho—, y por otra, los imprevistos..., que han sido bastantes. Total, que hemos acabado rendidos. ¿Podía haberse evitado algo? ¿O pospuesto? ¿O abandonado hasta mejor ocasión?

Lo que pensaba que hiciéramos era, en primer lugar, unas escenas teatrales sobre la casa y la familia, en la que lavarían un bebé con agua, esponja y jabón, pondrían la mesa para cenar y enviarían de vuelta a un paseante nocturno, de ésos que van a la cama de los padres por las noches —como Carmen, según cuenta su madre en un papelito que envió ayer hablando de la familia— (por cierto, que quedan genial estas representaciones teatrales, revelándose hoy Adela de artista ante el grupo).

Luego «tocaba» hacer círculos: en el espacio (corros), en la pizarra (con tizas de colores) y en el papel. Después, el patio. Y luego una sesión de música, en la que discriminaríamos sonidos graves y agudos, en la armónica, la guitarra y las propias voces de los niños. (Voz de lobo o de pajarito, decíamos). La idea era rellenar el gráfico que, al efecto, estaba preparado en la puerta del armario, junto a los del color de los ojos, del pelo..., y jugar un rato juntos a subirnos en las sillas si se oía voz de pájaro, y a acostarnos en el suelo si era la del lobo la que se escuchaba...

Por la tarde haríamos caminos rectos y curvos con obstáculos, y luego los representaríamos en el papel. En la merienda, como siempre, el cuento, que esta semana es: *El pájaro de colores.*

Otras dos cosas que quería hacer brevemente eran: comentar que hablé con los padres de Cleo por la tarde, y que me contaron lo contentos que estaban con ella, y lo «pesada» que se pone a la hora de comer a veces en casa. Y recordar que a Néstor le han puesto gafas, y que hemos de anotarlo en un papel, «para que no se nos olvide». Seremos dos con gafas, él y yo, y los demás sin ellas... y eso vale la pena apuntarlo.

Pues bien, llega el momento de recibirlos por la mañana, y... empiezan las sorpresas. Ana viene con su bolsa de golosinas para repartir porque es su cumpleaños. Mariví con unos cuadros preciosos, pintados por su papá, de una familia de pingüinos. También trae su historia familiar para leerla. Mireia viene con una llavecita de plata y un llavero de oro «para el tesoro». Lucía con una falda «que vuela». ¡Octavio me trae el prometido monedero! Y por si faltaba algo... la niña nueva, Alicia, que esperábamos uno de estos días, también aparece con su mochila nueva, sus «nervios» del comienzo, su cara expectante... ¿Cómo organizar este bonito jaleo?

En cuanto al horario, he mantenido los teatros, la música y los laberintos, suprimiendo las otras cosas, a cambio de hacerle su regalo (un cartel colectivo) y su fiesta a Ana; de leer lo que trae Mariví, y valorar sus carteles; de mostrar el monedero, la falda, los tesoros... También hemos hecho un recibimiento a Alicia, con la presentación correspondiente de los compañeros y el «enseñarle la clase» de rigor. Como les choca mucho el nombre de Alicia, y le preguntan incluso si sabe hacer maravillas, como la del cuento..., les propongo hacerse una varita mágica a todos, para recordar que ha venido una niña nueva, y que tiene un nombre como el de la del cuento (otra cosa más). Hacen las varitas en un momento, después de la sesión de música y antes de comer.

Están pendientes de Alicia y sus ocurrencias continuas; su asalto a «las normas y a las costumbres». Tiene un buen arrebato de rabia en la comida..., que también lleva su tiempo y su excitación. Por suerte, la cosa calma gracias a la amistad que Carmen le ofrece, y acabamos el día bastante armonizados con ella. Por ahora, claro. (Tiene temperamento.)

El caso es que ha sido un día de bandera.

Y sin embargo, bueno. Alegre. Lleno. Divertido...

Mañana haremos pintura, juego libre, cantaremos..., intentando recuperar un cierto grado de sosiego, que hoy no hemos podido tener.

19 octubre 1994

He observado que algunos niños «no pueden» contar hasta el 4. Por ejemplo, Adela (es hija única), Jaume (también)... Seguiré «viendo». Es curioso que la primera vez que oí esto de que el 1, el 2 y el 3 simbolizan las figuras familiares, en lo interno, me pareciera una cosa extraña, y ahora lo constato palpablemente (que no es la primera vez).

Comiendo, Adela ha llorado amargamente y sólo verbaliza «quiero ir con mi mamá». El motivo no estaba en la comida de su bandeja, ya casi terminada, estaba en otro lugar, más hacia adentro... Le digo al oído que su mamá pensaba mucho en ella, aunque tuviera al bebé en la barriga; y les pregunto a Pilar y a Mariví si ellas notan que sus papás las quieren (las dos tienen el bebé «reciente»). Dicen que sí, pero Adela no se calma. La acaricio un poco.

Hemos celebrado el cumpleaños de César.

Alicia ha estado bien en su segundo día de escuela. En la sesión de valenciano dice: «a mí esto no me gusta» —dándolo por acabado—; y le contesto rápidamente: «pues te aguantas», con lo que se queda pasmada. No sé si lo habrá oído alguna vez en su vida, parece que siempre hace lo que le «apetece», y creo que no le vendrá mal oír que le digan que «¡no!».

Jaume llora en el teatro (hoy sí que es «de miedo»: *Tía tigre*).

20 octubre 1994

Hacemos la primera audición de música clásica: el *Amanecer*, de Grieg. Les cuento un poco su vida y pongo unas velas para escuchar la música con un ambiente especial. Otras veces me había ido bien esto. Sin embargo, y por los dos cumpleaños acabados de celebrar estos días atrás..., se han puesto a cantar *¡Cumpleaños feliz!* Me ha venido mal, y les he dicho que no lo hicieran, pero... no sé si he hecho bien, quizás habría sido mejor haberla cantado y después, guardar las velas y escuchar la música tranquilamente. El caso es que me he disgustado un poco. Y no ha ido tampoco tan fatal, la han oído, se han movido al compás de la música... Bien, por su lado; y mal, por mi exigencia.

Anteriormente he tenido grupos de niños y niñas de esta edad y, sin embargo, no los he visto, ni vivido de la misma manera. No «leía» igual los sucesos cotidianos: intentando ver el contorno del grupo en su conjunto, al tiempo que las relaciones que se dan en su interior; y manteniendo las perspectivas individuales, las diferencias entre ellos y mi particular relación con cada uno.

Me pasa como a ellos mismos les ocurre, según he observado. Que vivo el conjunto, el ambiente grupal, el ritmo de este grupo..., y, a la vez, me van llegando las cosas de cada uno, cuando menos me las espero, así..., poco a poco. Ayer vi a Ana quitando los camiones a los demás a trompicones..., pero incapaz de ir a dar un recado a otra clase. El otro día me hizo detenerme el llanto de Adela. O la «pataleta adaptativa» de Néstor, hasta que lo fueron a rescatar tres o cuatro compañeros... Son impresiones visuales y afectivas, sin apenas razonamiento inmediato. Son «golpes de vista», que se registran en mí, y se archivan directamente si no hago este esfuerzo por rescatarlos y trabajar sobre ellos un tanto más despacio.

Me consta que será imposible en la mayoría de los casos..., ¡son tantos los momentos! Sin embargo algo de mí responde desde adentro. Algo de mi lado más inconsciente, más oculto, sale al quite, y actúa teniendo en cuenta todo lo percibido. Tendré que aprender a confiar en que ese «otro yo» no hará demasiados desmanes. Aunque seguro que hace algunos.

César y Octavio hoy, al acabar de leer el cuento de la merienda: *El pájaro de colores*, cuentan que tenían sendos pájaros y se les murieron. Yo les pregunto si los enterraron, y dicen que sí. La pregunta era: «¿y los enterrásteis?, porque a los animales y a las personas cuando mueren se las entierra». Mariví recoge ágilmente la segunda parte, y comenta que su abuela le ha dicho que «los que se mueren se van al cielo». Le contesto que algunas personas dicen eso, sí, pero que yo lo que siempre he visto es que los entierran... «No, no» —insiste Mariví—, «ya verás cuando se muera mi abuela, volará al cielo, como el pájaro de colores del cuento» El dolor de la separación es lo que duele..., como siempre.

Ángel se pasa el día preguntando por qué pasan las cosas, por qué uno salta, por qué otro se ha caído, por qué canto... Parece que necesita que alguien le cuente lo que va viendo.

22 octubre 1994

Me dolía la garganta, y he sacado una armónica para que al oirla tres veces, se sienten todos «en el corro de hablar». Les ha hecho gracia, y creo que la seguiré utilizando como ahorro de energía. (Lo malo es que me recuerda los toques de campanilla de las maestras de otra época y no me gusta.)

Veo que Alicia, la niña nueva, y los embarazos varios de los que voy enterándome día a día, introducen cambios en la dinámica de la clase. De momento, son: Adela, Jaume, Conchita y César. En todos ellos se notan efectos directos, menos en César, que parece que aún no lo sabe.

24 octubre 1994

Falté el viernes por dolor de garganta y la sustitución, que me hizo Elena, fue bien. (Salvo Ángel, que no controló la caca, y Jaume, que mojó a todos los que tenía alrededor al hacer pis. Cosas que pasan... La sola presencia del maestro ejerce un papel de contención tan importante...)

Hoy Jaume ha dicho que era del Barça, dos o tres se le han sumado. Alguien ha nombrado al Madrid (enseguida Jaume ha dicho que su papá le había dicho que «el Madrid era una caca»), y Lucía ha acabado el tema diciendo que era del «Zevilla» y del Betis.

OBSERVACIÓN DE LA SESIÓN DE JUEGO SIMBÓLICO (45')

Susana	— Tirotea a todos.
César Caterina Lucía Mara Adela	— Juegan con camiones y puñales.
Ángel	— Mira cómo juega el grupo con los camiones.
Paz	— Mira.
Ana	— Coge las cosas a tirones y pisa lo que hacen otros.
Pilar	— Mira cómo juega Ana.
Jaume	— Viene a que le arregle lo que se le desmonta.
Irene	— Levanta la rampa con la que juega, y grita contenta: «mi coche se aguanta quieto».
Mireia	— Pinta en la pizarra.
Octavio	— Juega con unos cochecitos que se ha traído.
Juan	— Juega a rampas.
Alicia	— Juega a rampas.

25 octubre 1994

Ayer a última hora Caterina y Ana tiraron a la vez del mismo cuento —¡cada una hacia su lado, claro!—, y se rompió. Asombradísima, Caterina vino a quejarse de que el cuento «se había roto.» A continuación pasó lo mismo con otro cuento, y volvió a venir, molesta, de la fragilidad de nuestros libros... Como era hora de irse, dejé aplazado el asunto para hoy, y, en el momento de sentarse a ver cuentos (mientras llegan los autobuses), les he explicado que no se puede tirar fuerte de algo hecho de papel o de cartón (con demostración incluída, hecha con una revista vieja). Nada más acabar, y después de escucharme muy comprensivos todos, Beatriz, Irene y Lucía se lanzaron a tres bandas hacia uno de sus libros preferidos. Llego a tiempo, y le añado una última parte al «sermón» bastante más práctica: una cartita pidiendo a los padres de Ana y de Caterina que las ayuden a arreglar lo que han roto, porque es de todos los «Pingüinos». Se van, pues, con una carta y un cuento cada una a su casa. ¡A ver en qué queda la cosa! Alguna otra vez ha pasado algo parecido, y los padres han entendido muy bien el mensaje, ayudando a restaurar los cuentos y volviendo a explicar que es importante cuidar las cosas, que hay que esperar a que otro acabe, en vez de arrebatarle lo que uno quiere, etc.

Por la mañana leemos la encuesta sobre la familia de Irene. En ella dice que van a cambiarse de casa y que se irán a la de su tío Santiago. Le pregunto dónde vivirá entonces su tío y contesta con naturalidad: «es que mi tío se ha muerto». «Ah, claro —digo yo—, él ya no necesita la casa, porque no vive, está muerto». No hay eco, pero me interesa explicitar al máximo este tipo de temas tan ocultos en general.

Hoy se ha iniciado la utilización de la lengua valenciana en el comedor. Hemos llevado a clase una bandeja, un vaso, el pan, los cubiertos y la servilleta. Y, en plan bastante cómico, Encarna y yo hemos dramatizado lo que sería de hoy en adelante la puesta en marcha del «comer en valenciano». Primero, mostrábamos cada objeto; luego, nos lo preguntábamos la una a la otra, equivocándonos expresamente para que los valenciano-parlantes presentes, nos rectificaran. Ha sido un rato divertido. Nada más empezar hemos preguntado: «¿sabe alguien como se dice bandeja en valenciano?», a lo que Mireia ha respondido muy convencida: «sí una bandé». Luego Ángel, Jaume y Caterina nos iban dando ayudas y pistas para saber las nuevas palabras.

Después cada cual se ha confeccionado una pequeña bandeja (safata) de papel, en la que pegaban el vaso (el got), el pan (el pa), la servilleta (el torcaboques); y dibujaban la cuchara (la cullera), el tenedor (la forqueta) y la comida (el menjar). Se la llevarán a casa para que los padres sepan «por donde va el hilo» por aquí.

A la hora de comer, las caras de perplejidad eran «históricas», y al preguntarles: «vols molt o poquet?», había todo un abanico de respuestas:

— «Molt poquet.»

— «Polt.» (?)

— «Sí.»

— »Pocot.» (?)

Cuando pase un tiempo, manejarán con soltura el vocabulario y las expresiones más habituales. Al menos así suele darse otros años. Un buen modo de utilizar la lengua como vehículo real de comunicación.

26 octubre 1994

Caterina y Ana han llegado con los cuentos restaurados, y se los han enseñado a los demás. Hemos vuelto a recordar, pues, que hay que cuidar las cosas, y sobre todo las que se rompen fácilmente, como son los cuentos. ¡Bien!

27 octubre 1994

El cumpleaños de Mireia. Cleo le deja una coronita preciosa para que la luzca mientras le cantamos. Lanzo la idea de que... si la dejara a todos los que cumplen años..., estaría muy bien. Y dice que sí. Todo el mundo se alegra hasta que Irene nos hace ver que esa corona es «de chica»..., ¿y los chicos qué? Entonces Octavio, conciliador, como siempre, ofrece traer una corona... «con espada», para los chicos. Y si no tiene, —digo apoyándole—, la haremos de cartulina.

Así hemos quedado.

28 octubre 1994

... Y en efecto, aparece Octavio con su espada en ristre, aunque sin corona,... «no teníamos coronas en mi casa»... ¡Cómo recuerda las cosas este niño, y cómo las vive! Se «mete» tanto en los asuntos que, cuando hagamos algún proyecto de trabajo, me lo imagino totalmente apasionado por aprender.

Han traído sus historias familiares Pilar y Alicia. Las he leído en medio de un gran silencio, y he notado una cierta «mejoría» en el modo que van teniendo de escuchar lo de los otros. Antes era empezar a contar cualquier cosa particular y enseguida salían varios «espontáneos» a quitar protagonismo al que lo tuviera en ese momento.

También he visto un avance esta mañana en la realización de un trabajo de plástica. Había calma en el ambiente; iban haciendo bolitas de papel seda y pegándolas en una ovejita (fotocopiada de un rompecabezas que les hizo mucha gracia desde el primer día). Luego la adornaron con «gomets» por los lados, por alrededor, por arriba...; cada cual como quiso. Les quedó muy bien, y estábamos todos satisfechísimos. Hasta ahora, no habían «tardado» tanto al pintar, dibujar o hacer alguna tarea en el papel. Parece que «se esmeran», intentando ser más precisos. Quieren agradarme.

Este tiempo atrás, les contaba que me gustaba mucho pintar, y que gastaba algunos «trucos», para no manchar el dibujo, para recortar... Les decía que me encantaba inventar adornos: estrellas, soles, lunas, flores, etc. Me sentaba a dibujar a la vez que ellos; les hacía ver lo bien que rodaban las pinturas en el papel, «acostadas», o los colores tan nuevos que salían si se mezclaban unas con otras... En fin, que les contaba mi experiencia y mi afición. Como con la poesía, el baile, o el teatro... Como con todo: compartir saberes, acompañar búsquedas...

7 noviembre 1994

Hemos participado en el Congreso sobre la etapa de Educación Infantil: «Infancia 0-6 años», organizado por la *Associació de Mestres Rosa Sensat*; y allí he aprendido muchas cosas. Entre ellas una sobre mí, que ya intuía, que me dice cosas acerca de la manera en que conecto con las personas.

Cuando hablo para otros, como en esta ocasión, en la que colaboré en una ponencia de Ignasi Vila sobre la familia y la escuela; por lo visto, lo hago atravesando los tópicos, las capas «disimuladoras» o defensivas, obviando lo superfluo... Intento llegar «adentro», buscando lo que me importa, curioseando las inquietudes de los otros, su modo de ver el mundo, sus sentimientos. Busco la conexión, el encuentro, el conocimiento mutuo y, aunque a veces encuentro lo contrario, suelo tocar ese mismo deseo en el otro y, así, lograr con frecuencia el chispazo comunicativo, que unos me nombran como empatía, simpatía, «buena onda»...

Eso me pasa con los niños también. Entro directamente, desde mi interés y mi propia curiosidad real —¡y tan viva!— a su mundo interior en bulliciosa bruma, lleno de monstruos, de luces y de ausencias. Conecto desde mi deseo hasta su deseo de saber, de averiguar, de entender las cosas. Y me presento como sujeto pensante, como sujeto que se interroga, como alguien que no lo tiene todo hecho, ni claro, ni sabido. Y eso nos hermana, creo.

Con la gente grande, y con la pequeña, es la misma sensación. La de «ser gente».

He conocido muchas personas sensibles que llevan su trabajo con seriedad y con alegría, con entusiasmo y con rigor. Han contado experiencias, han traído materiales, escritos, murales, fotografías... Y hemos visto, mis compañeras y yo, que no andamos tan solos, ni tan desencaminados, que hay muchos que han optado, como nosotros, por hacer una escuela abierta, «tranquila», alegre, vital... Una escuela donde caben las cosas de los niños, y la de los maestros; donde el mundo afectivo de todos los implicados forma parte del quehacer diario, de la trama de relaciones que se genera; donde el maestro es, o intenta ser, un acompañante del niño en su camino hacia el saber y hacia los otros.

Cuando vuelva a clase, les contaré a los «Pingüinos» lo que he visto, les enseñaré fotografías, les transmitiré mi impresión de contento por estar con mis «iguales»..., en búsqueda de nuevas vías, que es lo mismo que hacen ellos. Ver que no tengo suficiente con su compañía y su afecto se asemeja a ese lugar vacío para llenar «con un tercero» (que en la casa es el padre, el símbolo del afuera, de la cultura, de las otras cosas). Y espero que les den ganas de copiar esto; este estar en situación de separarse de la madre, de lo seguro, de la niñez, de la ilusoria plenitud..., e ir hacia lo nuevo, lo desconocido, el saber, los demás...; hasta ir aprehendiéndolo y empezando a crear cosas muy nuevas, y muy propias.

8 noviembre 1994

Estaré unos días en casa porque, se ve que con las prisas y los nerviosismos de ir al Congreso y «exponer» (exponerme), me he dañado un pie, tengo un esguince. Aprovecharé para preparar la asamblea de padres, que será el viernes. Me fastidia mucho no estar esta semana en clase, contarle a los «Pingüinos» lo que he hecho por Barcelona, preguntarles qué han hecho ellos... ¡Qué pronto he conectado este curso!, ya tengo ganas de verlos...

Llevamos tiempo el equipo de maestros de la escuela comentando la forma de hacer las asambleas de padres. Con los años y la experiencia, hemos ido modificándolas bastante, de tal manera que el orden del día, que tenemos semiprevisto, prácticamente nunca lo hacemos según lo planeado, sino que lo adecuamos a cada grupo-clase y a sus necesidades específicas. Así que hemos revisado los planteamientos. Por una parte hemos acordado, más bien, criterios a considerar, y no puntos concretos. Por ejemplo: el aspecto psicológico, o sea, las características del momento evolutivo, no las tocaremos como «punto 0», previo a todo, y más bien teórico, como hasta ahora hacíamos; sino que iremos introduciendo lo que nos interese decir, al hablar del grupo, de las relaciones, del juego...; es decir, desde lo diario, desde lo que va pasando en clase habitualmente. (Los padres se cansaban y se aburrían en este punto..., y nosotros también.)

Otro criterio será partir de lo que los padres quieran saber, y no sólo de lo que nosotros tengamos necesidad de contar. Dar paso a sus intervenciones desde el principio y, a través de sus preguntas, ir explicando el trabajo y el ambiente que hay en la clase. Propondremos unos puntos, que tocaremos si hay tiempo, pero desde lo práctico hasta lo teórico (no al revés). Siempre dispuestos a atender la curiosidad de los padres por lo que hacen sus hijos, prioritariamente. Siempre alejados de la jerga pedagógica, aunque no del rigor y de la claridad. El objetivo es entendernos con ellos, y no «quedar bien» o aparentar un saber del que tan lejos estamos en realidad.

Hemos barajado los temas que consideramos importante tocar en las clases, según las edades de los niños; y, al final, hemos quedado en adaptar esos puntos al grupo concreto de que se trate. Teniendo en cuenta todo esto, el orden del día que he previsto para mi clase es el siguiente:

0. Breve información del congreso *Infancia 0-6*.
1. Análisis de este grupo:
    - Descripción
    - Características (mayoritarias y minoritarias)
    - Línea de trabajo
    - Dinámica relacional
2. El ambiente en clase.
3. El trabajo:
    - Actividades que han «dado juego»
    - Otras tareas
    - Metodologías concretas:
        - Pictogramas
        - Poesía
        - Música
        - Teatro

La idea es ir despacio, dando paso a comentarios y preguntas, de tal modo que si no da tiempo a algo, quede aplazado el resto para la próxima asamblea.

9 noviembre 1994

Preparando la asamblea de padres me han surgido vívidamente impresiones de algunos niños, dudas respecto a otros...; así que he aprovechado para poner al día el cuaderno de observaciones individuales, y para pensar en las entrevistas programadas para las próximas semanas. Es curioso que el mismo fenómeno de acercamiento a la realidad y de evitación de jergas complicadas a la hora de hablar con los padres, se dé también en el plano de las entrevistas individuales, igual que ha ocurrido con las asambleas. El asunto es compartir información y estrategias de ayuda al niño, es decir, buscar un entendimiento y una coherencia que sirvan para que el niño viva su momento con la mayor soltura y placer posibles.

Hace tiempo las entrevistas eran una especie de interrogatorios a la familia, bien parapetados en la razón y en la sabiduría, que nos adjudicábamos por ser «los maestros». Ahora, estamos más a la escucha. Sin formularios, ni formulismos. Con el deseo de encontrarnos con los padres de una manera armónica, tranquila y equilibrada.

Y nos va mejor. Los padres hablan, nosotros también; es un rato útil, del cual damos cuenta brevemente en clase ante el grupo de niños, para que vayan tomando conciencia de que nos interesa comunicarnos con sus padres y de que nos importan sus gustos, sus avances o sus dificultades.

Pienso en la entrevista del otro día con los padres de Cleo. Querían saber cómo la veía aquí y contarme cómo vive las cosas de la escuela en la casa, tan intensamente. Me preguntaron con quién jugaba y cómo se mostraba, si está igual que en la casa de despierta, de creativa, de vital. Coincidíamos bastante, y fue un agradable rato de compartir charla, anécdotas de la clase y reflexiones acerca de la nena.

No será lo mismo (o por lo menos ése es el miedo que tengo) con los padres de Jaume, a los que veo tan volcados en él, que no sé si podrán oir sin alarmarse demasiado que el niño necesita «despegarse» de su protección; ser más autónomo, avanzar en seguridad, y en descentración...

Tienen que preocuparse un poco, pero no tanto que les haga sentirse mal, negar la evidencia, o ponerse a la defensiva... Ya veremos.

Otra entrevista que preveo difícil es la de Carolina en cuanto a la actitud con la comida. Ella necesita percibir una coherencia en los adultos que la rodean, y no es así. En casa le hacen sólo lo que le gusta, y que no encuentre ni un tropiezo; y, por otro lado, yo..., intentando que coma de todo, que pruebe, que mastique, que olvide el biberón.

13 noviembre 1994

El viernes fue la asamblea, vinieron veintiséis personas, entre padres y madres. Hubo un ambiente muy tranquilo, salvo dos momentos en que los padres de un niño empezaron a hablar de lo individual, y tuve que recordarles la norma.

Estaban todos muy atentos, y aunque les pedí que hablaran cuando quisieran..., apenas lo hacían. A partir de una intervención polémica que hubo, empezaron a pedir la palabra, y sí que se armó un buen debate y bastante serio. Era sobre la muerte y cómo hablar de ésta con los niños. Planteé la necesidad de encontrar puntos en común en temas como el sexo, la muerte..., y que en la escuela optábamos por decir «la verdad» y actuar con naturalidad y sin coerciones. Había unos padres que no estaban de acuerdo con esto, y aludían a los miedos terribles que eso de «enterrar» podría generar en un niño pequeño. Opinaban que sería mejor hablar del cielo, que lo veían menos terrorífico. Varios padres contaron su experiencia con sus hijos mayores, y se fue profundizando bastante a pesar de la dificultad del tema. Se dijo que nos costaba hablarlo por nuestros propios miedos, y que era mejor hablar claro de lo que uno creía (cielo, o lo que fuera), pero no con mentiras, por calmar (la luna, las estrellas, un viaje...). También se dijo que no todos los niños se angustiaban, y que no había que esperar el asunto con alarma. En fin, bien. Los padres que plantearon el tema escucharon a los otros, aunque seguían hablando entre ellos por lo bajo. Por lo visto, éste es un tema que les preocupa bastante.

Veo que en general les ha gustado: la utilización de los pictogramas; lo de la actitud de recoger lo que aporten los niños («Todo vale»); lo de preparar el terreno para que hablar sea la vía mejor de entendernos y de aprender, lo de los novios, el tesoro de clase, los cuentos preferidos, las poesías con sus nombres,..

Les cuento cómo es este grupo; qué prefieren y qué les cuesta. Hablo un poco —con ejemplos— del egocentrismo, también de la transferencia, del trabajo, de cómo viven los embarazos, y los bebés recientes,...

Para hablar de la transferencia, cuento lo del monedero de Octavio —regalo simbólico—, y lo de «la zeñora ze enfada», de Juan. Se mueren de risa. A la vez me atrevo a señalar que quizás aquello de contar que me robaron fuera un error; y que me alteró y me puso en crisis lo de que no picaran «por la rayita», pero que después de reflexionarlo y de hablarlo con los compañeros, lo vimos parte del movimiento de transferencia, ya que hacen las cosas por un conjunto de razones: para agradarnos, por afecto, por un poco de respeto (o miedo, incluso), por quedar bien, porque se fían de nosotros...

Les digo también cómo es mi actitud general con respecto a los niños, para que vayan viendo la línea de relación que les propongo. Que les nombro que me equivoco para que, cuando se equivocan ellos, no lo vean un drama. Que les mantengo firmes las normas para darles contención y seguridad. Les tengo un detalle a cada uno. Les hago ver que valoro que sean diferentes...

En conjunto, mi impresión ha sido:

— Buen ambiente, algo serio al principio.
— Noto (y recuerdo mucho) la diferencia con los padres del curso pasado, con los que ya podíamos dialogar bien y cómodamente... Al estar callados, alguien dice: «nos cuesta hablar, como a los niños».
— Me ha gustado poder nombrar mis dudas, mis errores, las cosas que me cansan o me molestan.

Hablando de la asamblea olvidaba decir que fuí a clase el viernes para ordenarlo todo a mi manera, para reiniciar las clases..., para ver a los niños. Parece mentira que tuviera tantas ganas de verlos (a unos más que a otros, como siempre, pero a todos, en realidad). ¡Y ellos se pusieron tan contentos de verme! Los recibí uno a uno con una broma o una caricia. Enseguida le dijeron a Elena —mi sustituta— que se fuera. (A mí me hizo mucha gracia, a ella ninguna.) Intenté verbalizar la rabia que tendrían contra mí por no haber estado, y la alegría de que ya estuviera; les conté mi viaje y mi esguince —con radiografía incluída—. Ellos me dijeron las cosas que habían hecho, y que yo me había «perdido», y... bueno, entramos en contacto. Por la tarde les conté el cuento de Blancabella, que les encantó. Era de viva voz, no leído como los otros. Fue uno de mis predilectos cuando yo era pequeña.

Hablamos de la reunión, que sería por la tarde, y se mostraron muy expectantes porque los padres fueran a venir a hablar conmigo, y porque yo les fuera a contar lo que hacíamos.

14 noviembre 1994

Les he estado explicando a los «Pingüinos» la reunión del viernes, y, de pronto, me he fijado en que más de la mitad se habían sentado en el mismo sitio que ocuparon sus padres el otro día (las mesas estaban puestas aún en forma pentagonal). Me preguntaban si habían hablado o no, y qué habían dicho, qué ropa llevaban... Les encantaba que les dijera lo alegres, simpáticos y listos que los vi.

Después les he dicho que vendrían los padres de Jaume, y que qué podría decirles. Varios han contestado: «diles que come mucho». Es cierto, pero... me ha resultado raro el parco comentario, otras veces dicen más cosas.

La entrevista ha sido tranquila, y creo que será fructuosa. El mensaje principal era: «él puede y no tiene por qué hacerse el débil, así que hay que ayudarlo a despegarse». Al irse, la madre ha comentado que se alegraba de ver que no era tan flojo como pensaba. Me oí diciéndoles: «hay que darle tiempo para cambiar, y tiempo, precisamente, es lo que sobra». (Yo, que siempre tengo prisa...)

15 noviembre 1994

Aún me duele el pie por el esguince, y eso me malhumora. Ellos parece que lo entienden, y me cuidan: «no andes, siéntate, no bailes...».

El otro día vi una película de indios, era un clásico: *Flecha rota*. Y hubo un detalle que me llamó la atención. Cuando las tribus votaron, lo hicieron con piedras. Una piedra, un voto. Eso me dió una idea para clase: darles una piedra a cada uno (o un palito, o lo que sea). Y así, lo más probable será que entiendan lo de votar al ver muchas o pocas piedras agrupadas. Así que les he contado a los niños que cuando tengamos que elegir algo votaremos con piedras, como los indios. La primera vez que lo hagamos será con dos cuentos. Los pondré en el suelo, y que vayan poniendo las piedras delante del que prefieran. Ya veremos cómo sale.

Hemos «estrenado» hoy unos rotuladores de colores, con sus estuches y todo. Les he explicado que los taparan siempre para que no se secaran, y que los tenían que sujetar «bien», como los padres cogen los bolígrafos para escribir. Uno a uno se los he ido situando entre los dedos (algunos ya sabían cogerlos), y han hecho un dibujo libre, que ha sido casi eterno; no había manera de que acabaran.

Esta tarde ha venido la mamá de Mara con Luis, su bebé de seis semanas. ¡Todo un acontecimiento! Como lo sabíamos desde la mañana, hemos preparado las preguntas que queríamos hacerle, y le hemos hecho un dibujo a Mara en el que salía ella, altísima, y Luis, diminuto, «como una pulga».

Cuando ha llegado con el bebé vestido de florecitas verdes, y unos ojos abiertísimos, todos se han callado emocionadamente, mientras Mara se removía, inquieta, y besaba a su madre, sin saber que hacer con tanta alteración.

Le vamos preguntando las cosas, y así nos enteramos de que a Luis no le gusta el chupete, sino el dedo; de que no mama, sino que toma biberón; y de que llora, caga y mea bastante. De hecho, se pone a llorar para demostrarlo...

La mamá de Mara nos dice lo contenta que está de tener dos hijos tan guapos, y hay suspiros y sonrisas mimosas en el auditorio.

Ante mi pregunta provocadora de siempre: ¿y cómo sabemos que es un chico y no una chica?, Ángel sentencia: «eso es porque tiene la cara redonda, que es como la tienen los chicos; las chicas la tienen cuadrada». ¿Ah, sí? —le pregunto—, y sigue dando argumentos. Carmen le salta, ligera: «¡tú sí que tienes la cara cuadrada!», y ahí me toca intervenir con un «no sé, yo creo que es por otra cosa», que aclara Lucía con aquello de que Luis tiene pilila, y por eso es un chico; con lo que se zanja el asunto. Nos despedimos y, con el aire bien lleno de olor a colonia Nenuco..., acabamos el día.

16 noviembre 1994

Hemos pintado con témpera y pinceles, ha sido una sesión de trabajo encantadora. Hablaban de los colores, de las gotas que chorreaban y parecían «caqui, leche con Cola Cao, sangre, agua de piscina».

Han «repetido» casi todos.

Después del patio hemos estado cantando a los sones, algo desafinados, de la guitarra nueva; y por la tarde, han aprendido a bailar el vals, «¡baile de princesas y príncipes!», con *El Danubio Azul* a todo volumen. Mis compañeros Encarna y Pepe eran los bailarines «modelo»; y han sido tan buenos maestros que al rato estaba todo el mundo bailando con cara de felicidad.

Realmente, hoy ha sido un día intenso, y chocante. (Si no fuera por mi pie...)

17 noviembre 1994

He ido a la escuela exclusivamente para explicarles a los niños que el médico me había dicho que tenía que dejar en reposo el pie, y que, aunque no quería, iba a hacerle caso porque, si no, me dolería siempre, y eso no me hacía ninguna gracia... Les he pedido ayuda para ver qué podría hacer tan sola en mi cama y Lucía me ha aconsejado que me ponga en el «zofá», que allí se está mejor. Otros me han dicho que puedo pintar (Cleo), leer cuentos (Mireia), recortar con tijeras (Mara), escribir (Octavio), hacer poesías (Irene)... de pingüinos, de jirafas, de elefantes, de ballenas, de arañas, de delfines, de tiburones. («¡No, de eso no sabe ella!», dice Cleo.) Les he agradecido sus ideas, y les he pedido que posaran para una fotografía; así los podría ver, si quería, en cualquier momento. Después de la fotografía, nos hemos despedido, un beso a cada uno (creo que el primer beso que nos damos)... y a casa...

No ha habido ni una gota de mentira en lo que les he dicho. Estoy rabiosa por estar inmovilizada de cuerpo, pero no de espíritu, y molesta, y añorante de no poder seguir con los niños en este buenísimo momento de despegue, tranquilidad y ganas de estar juntos.

(En fin..., probaré a aprender a tolerar la frustración, y todo eso...)

Voy a aprovechar para hacer los informes trimestrales con suficiente tiempo y reflexión. También quiero escribir unos poemitas de animales, ya que me los han pedido ellos con tanto énfasis...; y varias cosas más. ¡A ver si puedo!

21 noviembre 1994

Han venido a verme a casa unas compañeras y les he dado esta carta para los «Pingüinos», escrita dentro de un pie de cartulina azul:

Queridos «Pingüinos»:

*Quiero deciros que estoy en mi cama con la radio, un montón de libros para leer y muchos papeles para escribir... Aquí os mando una poesía que le hecho a **Blancabella:***

Blancabella
me tiende su cabellera
y yo trepo a sus sueños sin escalera.

Blancabella me tiende sus blancas manos
y yo beso las nubes y el sol temprano.

Blancabella me tiende su lindo talle
y yo bailo boleros en plena calle.

Blancabella me mira con atención
y yo brinco hasta el cielo
... ... de la emoción... ...

También quiero deciros que me acuerdo mucho de vosotros: de Alicia, de Adela, de Ana, de Ángel, de Beatriz, de Carolina, de César, de Conchita, de Carmen, de Cleo, de Caterina, de Irene, de Juan, de Jaume, de Lucía, de Mireia, de Mariví, de Margarita, de Mara, de Néstor, de Octavio, de Paz, de Pilar, de Susana, de Yolanda.

Y vosotros, ¿cómo estáis?

Un beso, Mari Carmen.

Hemos estado preparando la programación para este tiempo que no voy a estar en clase. Girará en torno al tema: «los amigos»; y, como siempre, estará abierta a cualquier cambio, propuesta, o giro espontáneo, que venga de los niños. Las actividades que requieren una secuenciación progresiva de dificultades o de lógica en el proceso, las tenemos en unos cuadros trimestrales de planificación; y ésas sí que solemos mantenerlas, cambiándoles el «tema», aunque a veces también las pasamos por alto si el trabajo de los niños está en buen momento y es más aprovechable que lo nuestro.

Antes nos daba miedo esta manera tan libre de «abrir» el currículum. Ahora ya no, porque hemos podido comprobar cuánto y cuánto más aprenden los niños si es de su gusto e interés lo que están investigando. Además de que lo de «las lagunas» informativas, que nos enseñaron en su día, es un simple bulo. No hay lagunas, sino todo lo contrario: «abultadas» interrelaciones entre unos temas y otros, conexiones múltiples, saltos, «salpiconeos»...; una especie de menú particular que se elabora cada uno de los niños, y que responde a sus necesidades internas, a sus deseos concretos de saber, a su ritmo único, a su manera de aprender: desconfiada o alegre; entusiasta o activa; insegura o lanzada...

Cada cual aprende lo que quiere, y cuándo y cómo quiere. Todo lo demás, los «círculos o los cuadrados» que «tocan» (según nosotros), lo aprenden también, pero sin darles un sentido, por contentar al adulto forzada y forzosamente. Aunque no siempre lo digan. Aunque queramos convencernos de que «el saber no ocupa lugar», y de que eso no hace mal a nadie, y demás... Pero sí que hacen daño a la larga tantas imposiciones, tantos programas, tantos círculos metidos «a macha martillo» (aunque sea jugando). Nunca olvidaré cómo aprendió toda mi clase a reconocer, dibujar y hasta construir pirámides, a raíz del proyecto sobre Egipto...

Hemos previsto una actuación con dos bailes cortos para el día de la fiesta de Navidad. Ya los saben, pero habrá que ensayarlos un poco.

Y también un regalo de Navidad para llevárselo a casa, que será una pintura con rotuladores gruesos fosforescentes, sobre un soporte de plástico transparente. Es un material nuevo (lo vimos en el congreso), y no conocemos aún los resultados ni las dificultades de manejo que presentará. Es cuestión de probar. Tanto en esto, como en la tarjetita de felicitación, nuestra idea es que sean realizaciones lo más «suyas» posibles sin apenas dirigir ni pretender un producto perfecto o uniforme. Cada cual hará algo que le recuerde la Navidad, utilizando para el regalo (que colgaremos, tipo móvil) los rotuladores y el material que admita ese plástico: adhesivos, brillo...; y para la tarjeta: telas, «cierres» de ropa, cartulina de oro, plata, purpurina... Ya veremos cómo queda la cosa...

También haremos un portarretratos para la fotografía de grupo, como todos los años. Esta vez será un óvalo de «plastilina» de color claro, sobre un cartón duro de un color contrastado. En la pasta de modelar meterán botones, imperdibles, bolitas de colores. Lo hemos visto en un libro de ideas, con telas y material de mercería, y queda bien.

27 noviembre 1994

Verdaderamente, me ha costado hacer los informes trimestrales. Quería decir mi impresión del niño o de la niña, con sus más... y sus menos..., y me parecía que si lo ponía muy conciso, o «seco», resultaría algo impactante para los padres, sobre todo en ciertos casos. Tampoco quería suavizar de más y que no se enteraran de lo que intentaba transmitirles. Un informe es un informe, no una tarjeta de felicitación... Total, que he tardado más de lo que esperaba, y he tenido que repetir varios.

Voy a reflejar aquí algunos de ellos para recordar la gran diversidad que suponen veinticinco niños y niñas, bien diferentes, y además... para que me sirvan de «ejemplo» para sucesivas veces. Ejemplo de decir las cosas claras. Ejemplo de pedir coherencia a los padres. Ejemplo del miedo a equivocarme:

BEATRIZ

1. ÁREA DE IDENTIDAD Y AUTONOMÍA PERSONAL

Se muestra muy autónoma y capaz de realizar las tareas escolares, tanto de trabajo, como de higiene, alimentación, juego... Sin embargo, tiene la sensación (o así me lo parece) de que ha de hacer las cosas «mejor», y eso le hace a veces mostrarse insegura. Me mira a ver si yo apruebo lo que ha hecho; tiene miedo a equivocarse, incluso tacha sus dibujos, o dice que no le «salen»... Es demasiado exigente consigo misma. Siempre está pendiente de mí, de si la miro o no, de si veo bien lo suyo... El proceso de «independencia interna» con respecto a los adultos ha de favorecerse desde la casa y desde la escuela. Parece que entiende mal el mensaje lanzado hasta ahora; cree que se le pide ser ya mayor y hacerlo todo bien, y eso la agota. Con frecuencia le digo: «juega Beatriz, yo vigilaré a los niños».

2. ÁREA DE CONOCIMIENTO Y VALORACIÓN DEL MEDIO FíSICO Y SOCIAL

Todo lo que se plantea en clase en cuanto el aprender le interesa muchísimo, y lo capta con gusto y facilidad. ¡Se pone tan alegre cuando «olvida» que ha de hacerlo todo bien! Su expresión se hace traviesa, curiosa, bromista, divertida...

Con los demás juega cada vez más. Con los chicos a luchar, con puñales; con las chicas, a lo que sea.

3. ÁREA DE COMUNICACIÓN Y REPRESENTACIÓN

Le gusta mucho todo lo que supone expresión, sobre todo la pintura y el dibujo. También los cuentos, las poesías, el teatro, el dibujo, el baile... Lo que a ella le cuesta más es decir sus cosas, lo que piensa, lo que siente...; y esto le vendría tan bien..., le aflojaría la exigencia, la haría más presente en el grupo,...

A mí me habla en momentos «privados» que se busca; con los compañeros también habla pero hay una dificultad en «ponerse en medio», en mostrarse, en dejar ver cómo es, qué quiere, qué teme. Eso la asusta, y se mantiene —a nivel grupal—, más bien en la sombra. Intento que salga de ahí, pero será un proceso largo, y necesitará mucho apoyo, valoración y, sobre todo, no hablar por ella, ni vosotros, ni yo.

Ya lo comentaremos. Un saludo.

MARA

1. ÁREA DE IDENTIDAD Y AUTONOMÍA PERSONAL

Se presenta ante el grupo alegre siempre, desenvuelta, expresiva... Ha sido capaz de mostrarse según se sentía, sin tapar sus miedos ante el nacimiento de su hermano. Lo ha hecho ver con su hablar mimoso, con el pegarme, con el seguirme a todas partes, con algunos ratos de pena, con sus cambios de humor... Los demás la han acompañado en su proceso, la han animado, la han dibujado junto al bebé...; y así ha llevado mucho mejor este periodo importante que si, es reconocido y hablado, se puede situar mucho mejor en el interior de uno mismo.

Mara se mueve ágil y armoniosamente, realizando con habilidad los circuitos de equilibrio, los saltos, las carreras...

2. ÁREA DE CONOCIMIENTO Y VALORACIÓN DEL MEDIO FÍSICO Y SOCIAL

Cualquier tema que hemos hablado en clase en este tiempo le ha interesado, y, curiosamente, los relacionaba siempre con «las mamás y los bebés», su íntima preocupación. Realmente, ha estado llena de todo este asunto desde el principio del curso.

En cuanto a las normas de clase, las sigue sin dificultad, sólo se las saltaba en algunos momentos críticos, en los que estaba tan alterada que no podía parar. Ahora está más calmada. Recoge, coopera, espera su turno..., y todo ello con bastante autonomía.

3. ÁREA DE COMUNICACIÓN Y REPRESENTACIÓN

Mara es muy expresiva, casi más a nivel no-verbal que con palabras. «Se le ve» lo que siente, es toda expresión. Le iré proponiendo que diga con palabras sus cosas; de momento habla más en grupo pequeño, o jugando, que ante el grupo grande. Será un largo proceso.

Juega con algún amigo o amiga, o sola, alternando.

Le gustan mucho: los cuentos, el baile, cantar, las poesías, el teatro... A la hora de expresar dibujando sus vivencias, o las nociones aprendidas, empieza a interesarse en hacerlo lo mejor posible.

Creo que no hay que restar importancia al tiempo crítico que ha atravesado Mara con el nacimiento de Luis. Repartir «el sitio», el afecto, los padres..., es mucho repartir, y lo ha hecho con todas sus fuerzas y sus dudas, su trabajo le ha costado...

PAZ

1. ÁREA DE IDENTIDAD Y AUTONOMÍA PERSONAL

Se presenta ante los demás segura, fuerte, «valiente». Mantiene una actitud de suavidad y cariño conmigo, pero con los demás tiene más ratos de dureza que de otra cosa. Esto le hace tener roces frecuentes y conflictos, en los que me busca como apoyo y defensa (con poco éxito, por cierto). Es preciso que se dé cuenta de que ése no es el modo de entablar relación, y menos aún de mantenerla. Ella sabe cómo ser agradable y colaborar en los juegos, pero «así» no quiere; intenta entrar en posición de mando, y claro... los otros no la dejan. A ver si lo va viendo poco a poco.

En cuanto a la autonomía, es bien capaz de llevar a cabo los pequeños hábitos y obligaciones diarias; lo que pasa es que prefiere esperar a ver si se lo dan hecho... Va mejorando por días, pero se muestra quejosa de que no le «acerque» yo la tijera, o de que no le dé la comida...

2. ÁREA DE CONOCIMIENTO Y VALORACIÓN DEL MEDIO FÍSICO Y SOCIAL

Aunque se distrae bastante, sigue la marcha de la clase con interés. Sobre todo, las actividades de movimiento y los juegos colectivos le gustan mucho. El papel le interesa menos; últimamente intenta esforzarse en recortar, pintar... Ha estado bastante tiempo diciendo: «no sé», «no me sale»..., con una especie de miedo a no hacerlo bien. A base de valoración, ha ido mejorando. Hay que seguirla apoyando en este sentido.

3. ÁREA DE COMUNICACIÓN Y REPRESENTACIÓN

Sin duda, las actividades que más le atraen son las que tienen que ver con la expresión. Los cuentos, el teatro, la música, las poesías. En las asambleas habla sin parar, interrumpe a los otros, siempre tiene algo que decir.

Le cuesta aceptar las negativas, las dificultades, lo que no le viene «de cara»... Así que, con frecuencia, «no oye» las normas, y se las tengo que repetir una y otra vez.

Creo que Paz está en pleno encontronazo con «la realidad». Ha pasado de ser «la pequeña de la casa», a ser una más entre veinticinco; y le cuesta renunciar a ese lugar, y a sus privilegios.

Tiene, al tiempo que esa fuerza que demuestra con los demás, un lado sensible y cariñoso, pero, de momento, sólo lo utiliza para «ejercer seducción» con los adultos. Necesitará mucha claridad en los mensajes y mucha coherencia en los mayores que le rodean, para entender que «así no es». Lo iremos viendo, un saludo.

MARIVÍ

1. ÁREA DE IDENTIDAD Y AUTONOMÍA PERSONAL

Suele estar alegre, estable, tranquila. Es bastante autónoma, tanto en el trabajo y uso del material, como en los hábitos diarios de higiene, alimentación... En cuanto a la autonomía para elegir, proponer..., empieza a sugerir ideas, a aportar lo que sabe; y lo hace con mucha naturalidad. En el campo de las relaciones es donde tendrá que ir afianzándose más, de cara a defender mejor su parcela, su sitio, sus opiniones, sus juegos...; cosa que le llevará su tiempo.

Las actividades que tienen que ver con el cuerpo, las realiza a un ritmo lento, y con un poco de inseguridad o miedo; no así las de motricidad fina, en las que es muy hábil y madura para su edad. Creo que cualquier cosa que la haga moverse, le vendrá bien (tiende al «sedentarismo»). Ya que le gusta bailar..., podría aprovecharse esta faceta. (En la escuela baila, aunque con un poco de vergüenza.)

2. ÁREA DE CONOCIMIENTO Y VALORACIÓN DEL MEDIO FÍSICO

Le interesa mucho todo lo que hablamos o trabajamos en clase; pregunta bastante, comenta lo que sabe... Es muy respetuosa de las normas, guarda el turno, escucha, coopera...

Se relaciona bien, es cariñosa, acepta seguir y compartir juegos y juguetes. Varía mucho sus juegos: muñecas, cocina, rompecabezas, garaje, construcciones, plastilina... Si algo le cuesta es hacer valer su opinión, o su sitio, como decía antes; hay que ver si va siendo capaz de gastar el genio —que lo tiene— en frenar a los otros, en defenderse.

3. ÁREA DE COMUNICACIÓN Y REPRESENTACIÓN

Todas las actividades de esta área son muy de su gusto. Tanto los cuentos, como el teatro (aunque, a veces, se ponga vergonzosa), la música, la poesía, las asambleas, dibujar, pintar...; la expresión en todos sus aspectos. Cuando dibuja, se muestra contenta, habladora, feliz... En las asambleas también lo pasa muy bien, porque es capaz tanto de escuchar a los otros, como de hablar de sus cosas; de su casa, de su hermano, de sus vivencias...

Creo que es muy de valorar su actitud de cuidado personal con respecto a la alimentación; y de aceptación de su particular situación, con las pegas que eso comporta. Me parece que la claridad con la que se lleva este asunto a nivel familiar, le está dando una herramienta «de usos múltiples» para encarar cualquier cosa que se le presente. Calma, claridad, aceptación y fuerza..., buenas cosas como bagaje.

Un saludo.

JUAN

1. ÁREA DE IDENTIDAD Y AUTONOMÍA PERSONAL

Se presenta ante los demás seguro, estable, desenvuelto. Se maneja con gran autonomía, sobre todo, «de pensamiento»; es capaz de criticar la actuación de un compañero, de los padres, la mía... Lo hace después de haberlo pensado bien, y siempre con argumentos que respaldan lo que dice. (Suele tener bastante razón, además...) La autonomía más cotidiana, recoger, hacerse cargo de sus ropas, etc., no la lleva tan bien; es un auténtico despistado, parece que estos «detalles» no le importan.

En las actividades de movimiento disfruta mucho; le gusta correr, saltar..., y probarse a sí mismo que puede hacer estas cosas.

En cuanto a recortar, doblar, pintar..., últimamente está más interesado en lograr buenos resultados. Le valoro mucho sus avances, y él nota que quiero que mejore, así que, por agradarme a mí, lo intenta.

2. ÁREA DE CONOCIMIENTO Y VALORACIÓN DEL MEDIO FÍSICO Y SOCIAL

Cualquier cosa que hablamos o trabajamos en clase le atrae, le interesa. Siempre está alerta, siempre lo veo «activo».

Con los demás se relaciona bien; juega con amigos prácticamente siempre, y en el juego se manifiesta claro, alegre, cooperador.

Es muy capaz de guardar el turno, de seguir las normas (las defiende a ultranza). Ante las dificultades, protesta, se enfada, prueba a darles la vuelta, o a evitarlas.

3. ÁREA DE COMUNICACIÓN Y REPRESENTACIÓN

Le gustan mucho las actividades de movimiento, los libros y las sesiones de juego libre. Se ha revelado un amante del teatro, y un artista bastante chocante. Los cuentos le apasionan realmente (cuando los oye, para de merendar, incluso). Las poesías, el baile, las asambleas..., todo le encanta.

También a la hora de representar en el papel sus vivencias, o las nociones aprendidas, lo hace con ilusión.

A pesar de que tiene dificultades para pronunciar algunos fonemas, se hace entender bastante bien (casi siempre, a veces no, y eso le disgusta). Cuenta lo que hace, lo que piensa, si está «quejoso» por algo..., y con tal claridad de ideas, y apasionamiento, que deja a los compañeros atentos y convencidos.

Creo que Juan está avanzando muy adecuadamente y con mucho entusiasmo. Su curiosidad no se agota, y su «ojo» observador, menos. Ahora tendrá que enfrentarse con sus dificultades de pronunciación, y necesitará apoyo para aceptarlo.

Un saludo.

28 noviembre 1994

Acaba de llamarme por teléfono Cleo (tiene el número por la agenda que «fabricaron» el curso pasado su hermana y los demás compañeros). Me ha sorprendido agradablemente oir su vocecita preguntándome: «¿cuándo vas a venir?», y contándome: «todos los días miro tu pie» (el que mandé de cartulina a modo de carta), y que tiene ganas de verme... Es toda una tentación sentirse tan bien tratada, tan querida... Sin embargo, cada vez veo más importante y necesaria una distancia entre los niños y yo, las familias y yo... Esa distancia afectiva y de trato no contradice el cariño ni las buenas relaciones, sino todo lo contrario. Si no la hubiera, yo establecería amistades y, seguramente, también enemistades. Me costaría, pues, hablar claro a los padres de sus hijos, parar a los niños, ser más o menos ecuánime.

Por esto también evito ser excesivamente «afectuosa», me refiero a acariciar o besar a los niños, o a permitirles a ellos que me toquen o me acaricien más de la cuenta (cuenta muy subjetiva, eso sí...). Y por lo mismo, no asisto a cumpleaños, cenas y demás celebraciones de tipo más bien privado, con las familias.

Esta distancia profesional, que veo tan útil, no me hace aparecer lejana en demasía, creo; y así me lo reflejan los demás implicados en la cuestión, de manera más o menos directa o clara, aunque a veces me cuesta mantenerla.

29 noviembre 1994

En la revista *Infància* última he leído un artículo de Carme Cols sobre cómo hacer burbujas de jabón de una manera más duradera que la habitual. Ponía allí una fórmula: glicerina, azúcar, jabón agua..., y las proporciones aproximadas para unos buenos resultados de elasticidad y duración. Me interesa probar a hacer burbujas de éstas. Siempre que lo he intentado (incluso desde pequeña...), me ha frustrado ver lo poquísimo que «duraban». Era un placer tan efímero... Sería una suerte hacer entre todos montones de burbujas...; ¡uf, ya estoy deseándolo! (Esto del pie es un fastidio.)

30 noviembre 1994

Hoy me han llegado unas fotocopias muy interesantes. Las envía Mercè Escardó (bibliotecaria-escritora que conocí en el congreso), y son de una entrevista a Eduardo Galeano. Al leerlas, me he acordado de Juan; sus padres me contaron que le llamaban «Séneca», por sus razonamientos, y que, cuando alguien le gusta, sentencia que esa persona: «DICE VERDAD».

En lengua guaraní, parece ser que «palabra» y «alma» se dicen con la misma palabra.

¿Será Juan de por aquellas tierras?

Les mando a sus padres una nota con el recorte del texto que dice así:

> —Sabés que en lengua guaraní
> hay una expresión que en cierto
> modo resume lo que yo creo
> que es una ley del lenguaje y también
> de la vida. La palabra es Ñe'é. En
> guaraní, Ñe'é significa palabra y,
> también, alma. Y para la cultura
> guaraní, quien miente la palabra, o

quien la dilapida, está
traicionando el alma. A mí me
gustaría ser digno de definición
tan perfecta.

1 diciembre 1994

Me acerco al colegio para estar sólo un rato, no vaya a ser que recaiga (eso me ha dicho el médico).

El momento de entrar a clase ha sido muy gracioso porque no se lo esperaban, y han ido viniendo a saludarme poco a poco y cada cual a su manera. Lucía, Paz, Caterina, Ángel..., me palmeaban, me cogían, se reían a carcajadas... Otros se acercaban y se me ponían delante. O detrás. A algunos los he tenido que ir a ver yo, a César, a Pilar, a Mireia.

Les he traído como presente un breve libro de poesías de animales, como ellos querían:

PINGÜINO

Pingüino de lo blanco,
pingüino frío,
pingüino de etiqueta,
me voy contigo.

Pingüino de lo blanco,
pingüino libre,
enséñame tus campos
de hielo firme.

EL CONEJITO VICENTE

Mi conejito Vicente
come sopita caliente,

come hierbita reciente
y té de Oriente,
y té de Oriente,
y té de Oriente.

LA JIRAFA SINFOROSA

La jirafa Sinforosa
es muy curiosa,
come hierbas y manzanas
en la selva africana.

La jirafa Sinforosa,
es muy graciosa,
cuenta chistes divertidos
a su marido.

La jirafa Sinforosa
no es miedosa,
tiene amigos elefantes
y va con ellos tan campante.

La jirafa Sinforosa
es muy famosa,
es artista y vocalista,
¡ay, qué lista!

LA LOBA DEL MONTE

La loba del monte
le pidió a mi pato:
—«quédate quietito,
que te haga un retrato».

La loba del monte,
de un solo bocado,
se comió a mi pato
azul y encarnado.

La loba del monte
con sus seis lobitos
pasean contentos
... y yo sin patito.

LA CARACOLA ANA

La caracola Ana
sale de casa
y se encuentra una estrella
de color pasa.

La caracola Ana
saca la mano
y le pone un anillo
al señor gusano.

La caracola Ana
asoma el morrito
y enseguida su novio
le da un besito.

La caracola Ana
ya vive fuera,
y se peina con flores
de primavera.

12 diciembre 1994

Rosa está sustituyéndome y lo hace muy bien, con calma, con firmeza, con cariño. Entiende a cada cual porque estuvo con ellos el año pasado durante un trimestre entero, con la baja maternal de Cari. Pero de todas formas, se les ve que extrañan esta situación, y cada uno reacciona a su manera ante el deseo de que todo sea como antes. Ángel, Cleo y alguno más se quejan de que les duele «el pie». Paz nombra a su tata, que también está enferma «de eso». Mariví y Alicia llegan tarde casi siempre. Lucía,

Caterina y otros gritan mucho... Beatriz —de pronto— aborrece el tomate, y arma gran escándalo porque no quiere ni probarlo. Adela y César empiezan a pensar en los embarazos de sus madres, y a dar muestras de «molestia» en algunas cosas. Ana dice que no quiere ir de excursión, César no quiere entrar en el colegio... Carolina se quema los pies en una olla de hacer vahos.

Cada uno busca algo de especial que los diferencie del resto, que haga que los adultos se preocupen y se vuelquen en ellos... Es como para plantearse cuánta y cuánta vida se pone en juego diariamente en un grupo de niños. Los procesos individuales, los grupales, los familiares..., todo a la vez y en una interrelación continuada... He estado teniendo entrevistas, aprovechando que podía ir moviéndome un poco. Y en ellas veía esto mismo, la complejidad de las diversas dinámicas familiares que aportan los niños y que se mezclan aquí, se ponen a prueba, se contrastan. Por ejemplo, Pilar y Ana en sus casas son habladoras, fuertes y hasta «duras» con sus padres; a los que les cuesta un poco «imponerse», mantener las normas, frenarlas. Aquí, por el contrario, son muy calladas, introvertidas, inseguras.

Con los padres de Mireia tuve una entrevista muy curiosa. Me hablaron de ella en la casa: caprichosa, exigente, de mal genio... Y yo les hablé de que aquí es dulce, colaboradora, algo dependiente, siempre dando buena imagen. Les propuse que le hablaran aclarándole que no podía estar así con ellos y tan distinta con otra gente (abuelos, vecinos, colegio...), y que le dijeran que se debía de haber confundido porque los que mandaban en la casa eran ellos. Por mi parte quedé en explicitar ante el grupo esta doble vertiente de Mireia para ayudarla a estar más entera en todos los ambientes, más como ella es. Total, que dos o tres días después, me han venido a decir que hablaron con su hija «seriamente» y con mucha claridad. Y al decirle que ella no mandaba, les contestó así:. «ah, pues habérmelo dicho antes, que yo no lo sabía». Se quedaron impresionados al ver con qué aplomo recibió sus palabras y con que habilidad les lanzó de vuelta su recriminación. La confusión no era sólo suya..., en todo caso de los tres..., vino a decirles.

En clase, cuando le pregunté a la mañana siguiente de la entrevista si le habían hablado sus padres, dijo que sí, y que le habían dicho que en casa lloraba mucho y se enfadaba, y en el colegio no. Amplié un poquito la información, y no lo encajó mal. Creo que fue valiente al hablar, porque esa «declaración» rompía por sí misma su imagen en la escuela, y daba paso a que pudiera mostrar aquí su genio y no guardárselo para casa. Ahora será un proceso de cambio el que habrá de iniciarse. La madre me ha contado uno de los primeros episodios de esta nueva andadura para los tres. Se portó mal con un vecino, y ella le dijo que si seguía molestando al otro niño, no irían de visita a casa de los abuelos como tenían previsto. Mireia siguió con su cabezonería de quitarle el sitio al vecino, y la madre no la llevó. Según parece, «antes» la hubiera reñido, pero habría cedido. En cambio «ahora», y a pesar de sus llantos y sus «perdóname», la madre mantuvo lo dicho. Algo va cambiando en la actitud de seguridad de la madre, y la niña lo ha notado. Aunque siga probando y probando, si se mantiene la seguridad y la delimitación de espacios y papeles, se «recolocará», y estará mejor, menos cargada de las tensiones de fuera, más en su sitio.

En estos días ha llegado una nota de la madre de Ana, como continuación de la entrevista que mantuvimos recientemente. En la nota dice que jugando a hacer llamadas telefónicas, Ana me llamó y me dijo que a ver si me curaba el pie, y a continuación me contó todo lo que había hecho en el fin de semana pasado. (Yo le había dicho a la madre que hablaba poquísimo ante el grupo.) Al leer la nota, pensé que igual servía como puente introductorio a otra manera menos concisa de estar y de comunicar; así que leí un buen trozo en voz alta y felicité a Ana por tan buen fin de semana, pidiéndole que la próxima vez lo cuente ella directamente. Ojalá sea así.

Notas, llamadas, contactos cortos a la salida..., todo vale para ir siguiendo los acontecimientos. Claro que sin sustituir a las entrevistas, con su tiempo (de treinta a cincuenta minutos más o menos), su espacio (la escuela), su ritmo, su intercambio tan necesario.

13 diciembre 1994

Se pasan todo el tiempo los pobres haciendo cosas de Navidad: el regalo para casa, la tarjeta, el portarretratos para la fotografía del grupo, los adornos de la clase, el árbol, las portadas de los libros de trabajos del trimestre... Además de los ensayos de la actuación para la fiesta del domingo. Total, que están cansados y algo alterados... Cada vez que acaban alguna tarea, juegan. Alternamos las actividades para que se mantengan las sesiones de psicomotricidad, de juego simbólico..., la lectura de cuentos, el teatro, el dibujo libre, la música; pero a pesar de todo, se nota una cierta excitación en el ambiente. Seguramente la que les contagiamos los adultos, nerviosos con tanto preparativo. Y aunque siempre nos lo planteamos y planificamos con tiempo para que esto no pase..., pasa. Quizás sea el costo de una celebración que resulta muy bonita y gratificante para todos, y que queremos que «salga bien». Esta exigencia anda por ahí suelta y pesa en el aire, generalmente más «libre».

Me gustan mucho los trabajos que hemos elegido hacer, y cómo van quedando. Como regalo, hemos hecho un árbol de Navidad, plantado en una bola de plastilina forrada de papel plata y espumillón enrollado. (Desestimamos el hacerlo en plástico transparente por el costo de los rotuladores especiales que requería y por el dudoso resultado, al emborronar con la mano lo que ya estaba pintado.) El formato, el color de la cartulina, y la decoración del árbol han sido elegidos por los niños, uno a uno. Así que han resultado árboles que son auténticos «autorretratos» (como siempre que se plantea un trabajo «abierto). Unos son enormes (entre 3O y 6O cms., aproximadamente); otros, diminutos (entre 8 y 15 cms.). Unos, redondos; otros, alargados como cipreses. O como abetos, o como palmeras... De color azul, verde, naranja, rosa, amarillo o rojo. Con velas, «gomets», estrellas, trocitos de cintas de brillo, purpurina... Una maravilla. La tarjeta es muy simple, pero muy vistosa. Una luna azul brillante, con sus ojos, su boca, y una especie de cinta de espumillón dorada o plateada.

El portarretratos ha quedado genial. Es el óvalo de cartulina (pegado en cartón duro) que comentaba días atrás, y lleva bolas de plastilina por alrededor de la fotografía. En la plastilina le han incrustrado toda clase de cosas, unas las hemos ido recopilando y otras las hemos comprado: bolas de collares, botones, corchetes negros y plateados, clipes de colores, lentejuelas, hojas «de plata», trocitos de una cortina de madera, conchas del mar...

La manera de organizar el material ha sido tan original... Cada cual tenía un plato con todos los «ingredientes» para su trabajo, y los han ido poniendo de las más diversas formas. Creando dibujos simétricos, haciendo «caras», colocando una cosa sola en cada bola, o dos, o tres; por colores, por tamaños... Algunos han puesto cosas «de pie», como clavadas; por ejemplo los clips, como si fueran «velas de un cumpleaños». Otros, por los lados o por debajo, logrando una forma estrellada. Ha habido dos que han grabado la forma de una llave, que teníamos por allí. Otros han hecho agujeritos «de adorno» con un punzón o con la uña... Ninguno es igual. Todos son preciosos. Éste es el tipo de expresión plástica que creo más conveniente para estas edades:

— Rico en posibilidades de elección, de experimentación...
— Libre, creativo, abierto.
— Susceptible de ser ampliado, cambiado, criticado...
— Que se preste a ser realizado autónomamente.
— Que se preste también a ser trabajado con los demás, compartiendo ideas, inventos, técnicas...
— Que tengan un resultado agradable a la vista (no perfecto, ni uniforme).
— Que pueda ser disfrutado en su proceso de creación.
— Que no requiera especiales precauciones (que se pueda hacer, deshacer, rehacer..., hasta darle la forma elegida).
— Que se haga para uno mismo, en primer lugar, y pueda luego ofrecerse al grupo, pero que no se haga a imagen y semejanza del adulto. (¡Qué difícil esto último! Es casi inevitable, pero... se puede controlar para intentar buscar formas que no obliguen, que dejen campo abierto al deseo de los niños, y no al nuestro...)

Las estrellas para adornar las ventanas, los «mantelitos» recortados, los corazones y un largo etcétera nos están dejando tan exhaustos que menos mal que Navidad es sólo una vez al año..., y que, además, pasan otras cosas.

Sin ir más lejos, he visto que varios se ponen el nombre en sus trabajos, y en la pizarra. Otros hacen algunas letras, o esa especie de escritura incipiente hecha de líneas quebradas... Parece que el deseo de leer no está sólo en Mireia, como me dijeron los padres, sino en bastantes más. Aún queda mucho para que empiecen un proceso sistemático, pero no para que sueñen y ansíen leer, así que... iniciaré con ellos esos pasos primeros de disfrutar con las palabras, coleccionarlas, encontrar parecidos o diferencias, adornarlas...

De momento, recogeré sus iniciativas, y les ayudaré a recabar datos, a conformar hipótesis... Cleo ha encontrado una anilla de madera y, al dármela, he dicho: «uy, con esto y un poco más se puede escribir OCTAVIO». El aludido ha mirado a ver que pasaba, y se lo hemos dicho. Ha comentado: «vale» —pero sin enterarse mucho de qué iba, y sin venir a interesarse tampoco—. Así que he escrito OCTAVIO, con la anilla pegada delante, y he puesto el cartelito en el corcho. Al rato, Irene, que sí que está interesada, me ha traído un gancho del pelo, y ha dicho que eso «le valía» a ella. Hemos confeccionado su cartel, con el gancho, y una piedra como «punto». Ella misma lo ha pintado y decorado. Y luego ya Beatriz, que quería otro cartel, ha hecho una B de plastilina, y ha traído dos ramitas del patio para hacer la T. Hemos puesto BEATRIZ, y ¡ale!, al corcho.

Cleo y Carmen querían utilizar una diadema rota para sus nombres, pero no hemos podido pegarlas, eran muy duras, así que han encontrado en el tesoro de clase unos pendientes rotos en forma de C, y se han hecho sus carteles. Varios más querían, pero no hemos visto nada que nos pudiera servir para sus nombres, así que hemos quedado en buscar por las casas, o por el patio. Para mí éste es un momento rico y hasta apasionante pero me da miedo acelerar el proceso, y provocar una ansiedad innecesaria. Intentaré tras este primer golpe de ganas, trabajar el asunto de los nombres, que ya es bastante, y «jugarlos» de todas las formas posibles.

Ahora es tiempo de recopilar información, de estar «alerta», de observar, de recordar, de relacionar, de «ensayar», de hacer hipótesis, de preguntar...

14 diciembre 1994

Rosa oye a algunas madres que les dicen a sus niñas que lo que pintan es «lo mejor», incluso delante de los otros niños. En la próxima asamblea hablaré de esto de algún modo. Comentaré que no conviene hacer este tipo de alabanzas que excluyen a los demás compañeros y ensalzan habilidades que, por otro lado, todos comparten más o menos.

Aquí solemos decir que cada cual haga las cosas a su manera, y nada más; no hay premios, ni aplausos a un excelente trabajo. Como tampoco castigos, ni riñas a un trabajo mal logrado. Cada cual que vaya haciendo lo que sepa y pueda, y que así vaya afianzando su autoestima, poquito a poco. Y si puedo, abordaré el tema en las entrevistas individuales de seguimiento, que iré haciendo a partir de enero.

15 diciembre 1994

Durante este tiempo de mi enfermedad, Beatriz ha iniciado «la guerra del tomate», al negarse a comerlo, y al enviar a los padres, al tío, y hasta a la abuela a decir «que no la obliguen» a tomarlo, que no le gusta.

Solemos pedir a los niños que prueben todos los alimentos (aunque sea chuparlos o dar un mordisco pequeño), para que se acostumbren a probarlo todo, para evitar aversiones, para que coman equilibradamente...

Beatriz el curso pasado comía tomate y este curso también, sin pega ninguna, hasta que yo me he puesto mal del pie. («Coincide» que su madre tiene mucha aversión al tomate, porque de pequeña la obligaron a comerlo, y ahora no lo prueba nunca. ¡A saber si también yo me estoy confundiendo y no debiera insistir ...!)

El caso es que Beatriz —segun mi versión— ha convertido su queja por mi ausencia, y su modo de protestar, en el no querer tomate. Elegir este punto no es tan casual, sabe que su mamá la va a comprender y apoyar, porque eso es lo que a ella le pasa también. Y, al mismo tiempo, tiene a la familia en jaque de emisarios suyos, para protestar de la «obligatoriedad del tomate», y de la rigidez de nuestras normas; y a nosotros, preocupados al ver como ella está a la espectativa para ver «quién gana», y si triunfará su terquedad, o su procedimiento, para seguir aplicándolo en lo que le venga bien.

Como esta situación no mejora, ni se calma, sino que cada día hay nuevos avisos y recomendaciones para Rosa sobre el peligroso tomate..., escribo una nota a los padres de Beatriz, en la que les expongo lo que pienso, según acabo de contarlo aquí, y les pido que digan claramente si quieren que dejemos de darle tomate, después de considerar las razones que les doy, y las consecuencias que preveo; y les aclaro que, en ese caso, comentaré al grupo de niños que Beatriz no comerá tomate porque sus padres no quieren, pero que pienso que sería mejor para ella comerlo.

Creo que a Beatriz le ha de quedar claro que no he caído en su juego.

Será la única manera de frenar sus siguientes demandas. Justo hoy, a la hora del patio, ha dicho:

—Yo no quiero ir al patio.

—Pero ahora «toca» ir al patio, Beatriz —le respondo.

—Bueno, —contesta—, pero yo no quiero ni ir al patio, ni comer tomate.

Estas palabras hablan por sí mismas.

16 diciembre 1994

Los padres de Beatriz me piden una entrevista para hablar «del tomate y sus supuestas implicaciones».

Hoy a la hora de comer ha dicho que no quiere ni tomate, ni jamón serrano. No me gusta el cariz que toma esto. Si no quieren que le dé tomate..., no le daré, pero creo que es un error.

Hemos ensayado el baile para la fiesta y ha salido estupendamente, es el domingo; tengo ganas de que llegue, de disfrutar contemplando el ambiente, de ver cómo los visten «de elegantes», de hablar con unos y con otros... Y de que se acabe.

19 diciembre 1994

¡Ya pasó la fiesta! Todo salió muy bien. Un ambiente alegre, «de celebración». No sé, pero a mí (quizas soy excesivamente soñadora) me daba la impresión de que celebrábamos la vida. Padres y maestros juntos, contándonos las cosas que hacen ellos en casa y en la escuela. Contentos, con la clara sensación de compartirlos (un poco al menos).

Hablamos mucho, celebramos la mutua compañía, y hasta nos dió lugar a comer juntos algunos de los manjares preparados en la cocina del colegio.

Las actuaciones estuvieron preciosas —con sus fallos, sus risas y su variedad—, también las marionetas, las casetas de juego del patio (como se preveía, el túnel del miedo fue todo un éxito)... Se rifó la cesta y les tocó a los padres de Andreu...

Los padres se iban cargados con los regalos para casa, las fotografías, los trabajos del trimestre, los informes... Cargados y contentos.

Los maestros también acabamos cargados: de palabras, de agradecimientos, de valoración... Recogimos todo, comimos juntos comentando el día...

9 enero 1995

Empieza el segundo trimestre. Tenía ganas. El reencuentro ha sido bonito, me preguntaban por el pie, me tocaban, se reían, estábamos contentos. La asamblea ha sido larga, y se escuchaban. Gracias a la distancia del tiempo transcurrido, he visto varias cosas:

— Cleo y Carmen no paran de reírse, gritan... por llamarme la atención y se extrañan si las freno.
— Margarita pone pegas a la comida.
— Juan, Yolanda y Susana lloriquean o se tapan la cara ante cualquier mínima pega.
— Paz no para de intevenir para estar «en el centro».
— Ángel está alegre este primer día.
— Néstor me alaba a cada momento.
— Ana me habla por propia iniciativa y me dice que en su casa le ha escrito una carta con dibujitos a su amiga Pilar.
— César está medio ausente.

10 enero 1995

De buena mañana se me acerca César, y me dice: «apunta el nombre de mi perra Rosi». Hago un papel para anotar los perros que hay por aquí.

Todos tienen ganas de trabajar, de hablar..., menos Ángel, que hoy ha venido «gris», no se centra, está distante, serio... Lucía viene con cuatro o cinco palitos del patio, y me pregunta: «¿qué pone aquí?». (¡Qué gracia me hace!)

Jaume comenta que hay un niño con cara de asustado en un dibujo, y que seguro que se asustó de un lobo. Por la tarde, ve un cuento en el que hay dos niñas acostadas en literas, una durmiendo, y otra no, y me pregunta: «¿por qué ésa no se duerme?, ¿qué es esto que parece una nube?, ¿es una pesadilla?». Se nota que le inquieta el tema de «la noche». Le dejo el libro para que se lo lean en su casa.

Ha sido el cumpleaños de Susana, estaba nerviosísima.

11 enero 1995

Jaume trae el cuento y Cleo aporta otro que le han traído los Reyes, sobre un pingüino. Votan con palitos de plástico (estilo indios), y gana el de «la noche». Antes de iniciar la lectura les pregunto que qué les pasa con la noche, y Juan contesta: «¡pues que salen los lobos!». Leemos el cuento, y les gusta bastante. Parece que hay miedo en el ambiente. (Estos días ha habido varios cumpleaños.)

13 enero 1995

El teatro de hoy ha sido *La mano negra,* y ha quedado muy bien. Al entrar a clase varios proponen dibujarlo, y veo a Adela, que está «silueteando» su mano en el papel y pintándola de negro. Lucía pintaba a Reme, que es la que se casa con el príncipe; otros, a mí... Los oigo comentar: «yo me pido ser el príncipe», «yo la mayor», «yo la pequeña»... Se lo pregunto uno a uno, y Carmen propone hacer ese teatro en clase. Quedamos en que será otro día, y lo anotamos «para acordarnos».

Alicia no ha venido aún, parece que está de viaje.

OBSERVACIÓN DE LA SESIÓN DE JUEGO SIMBÓLICO (45')

Caterina	— Se adueña del garaje.
Mariví	— Llama a Caterina para que vaya con ella.
Adela Mireia Cleo Irene Carmen	— Se tapan con telas y «asustan» a otros.
Octavio Juan César Jaume	— Se esconden con antifaces en el armario.
Conchi	— En la cocina.
Yolanda	— En el espejo.
Alicia	— Mira.
Mara	— Mira.
Lucía	— Se disfraza.
Paz Carolina	— Se esconden debajo de una mesa.
Ana Pilar	— Se persiguen y se ríen.
Ángel	— En el garaje.
Margarita	— Ve las fotografías.
Beatriz Néstor	— Pintan en la pizarra monstruos.

Observo que hay muchos que juegan solos, aunque alternen con juegos en compañía algunos ratos.

El grupo de chicos lo pasaba tan bien asustando y escondiéndose que se ha formado un grupo de chicas para jugar a lo mismo.

17 enero 1995

Ángel está muy distraído, como si no estuviera. No entiende, o no escucha lo que le digo. No atina a ir a cualquier simple recado. No sé si es mejor que lo deje «en paz» o que lo siga «reclamando».

Cuando he preguntado al grupo —¿qué le puedo decir a Ángel para que me entienda?—, contesta Lucía: «dile ¿te das cuen?». Nos reímos a gusto un rato ante tan buena aplicación de la broma-chiste de moda.

Cada vez me convenzo más de que «los bloques temáticos» («o centros de interés») como los viajes, el otoño, etc., no les dicen casi nada, salvo que alguna cosa más les motive a ello. Eso está pasando con el de ahora: *los vehículos*... Lo utilizo para hacer juegos, para plantear nociones, espacio-temporales, o de prelógica, «muy globalizadamente»... Pero a ellos no les interesa, y eso se nota. Tanto es así, que se está imponiendo otro asunto de la mano de Jaume: el miedo.

18 enero 1995

César ha venido con cara de enfadado, enganchado a un cojín, y con su padre, que lo iba riñendo «por la mañanita que ha dado». El embarazo de su madre le hace estar opositor —en casa—, y pensativo y callado aquí. Le comento al padre que «a César le espera un tiempo difícil ahora» y se pone más serio que el hijo.

Desde que ha vuelto de las vacaciones de Navidad, Jaume manifiesta sus preocupaciones por lo que le pasa durante las noches por su falta de sueño, por el miedo que le dan las pesadillas... Lo hace mirando un cuento, o diciéndolo... Y hoy ha sido algo más claro, se ha metido en el armario con un antifaz verdoso, con el que iba asustando a todos los que entraban a dejar el abrigo. Néstor ha ido con él con su careta de pirata malo, y varios le han acompañado. El tema del miedo se ha impuesto. Comentaban lo que les asusta, o las cosas que podríamos hacer: teatros de miedo, traer cuentos de miedo, recortar caretas... Octavio ha dicho que tenía un traje de Drácula, Adela que no tiene miedo a nada... Empezaban a decir qué les daba o no miedo, y les he propuesto hablarlo esta tarde, y hacer fantasmas. Quería ver si el interés soportaba la espera... Y han estado toda la mañana hablando de eso, acompañando su juego de persecución por la clase y por el armario con los instrumentos musicales que aprendieron a fabricarse ayer (golpeando, raspando, o «maraqueando»), con los puñales y las pistolas para defenderse, y con bastante excitación.

En esa primera asamblea para decir «qué cosas nos dan miedo», las respuestas han sido así de reveladoras:

— Los lobos, los tiburones y las telarañas (Néstor).
— Las arañas (Adela, Paz, Beatriz, Octavio, Carmen y Susana).
— Los saltamontes (Caterina, Juan y Pilar).
— Los brujos (Yolanda).
— Los monstruos que tienen pelo (Irene).
— Las ballenas (Lucía).
— El fuego (Cleo).
— Loa dinosaurios que echan fuego por las narices (Mireia).
— Los bichos que tiran escupitajos como los dinosaurios de P*arque Jurásico*, y los fantasmas (César).
— El fuego y los saltamontes (Ángel).
— Los lobos que hay por mi casa... pero ya se han muerto. ¡Tengo juguetes, tengo piscina!... (Jaume).
— La bruja y los saltamontes (Conchita).
— El hombre del saco me daba miedo cuando era pequeña. Ahora el fuego, los ruidos y las películas de miedo (M.C).

Y cuando tenéis miedo, ¿que hacéis?, les pregunto a continuación:

— Yo me escondo en mi cama y me tapo la cara (Carmen).
— Yo me escondo detrás de mi mamá (varios).
— Yo de mi papá (varios).
— Yo saco mi espada y le doy en el ojo a Drácula y lo echo para atrás (Octavio).
— Yo me meto en mi papá. (¿Y si no está?) Pues en mi mamá. (¿Y si no está tampoco?) ¡Pues yo cojo mi pistola y mi espada y le grito que se vaya! —dice enfadado (Jaume).

— Yo me quedo quieta, quieta (Irene).
— Yo me pongo debajo de la falda de la mesa (Mireia).

Ellos me preguntan a su vez, ¿y tú, le tienes miedo a los vampiros, a los búfalos, a los monstruos, etc., etc., etc.?
Van surgiendo algunas propuestas concretas:

— Podíamos hacernos unas caretas (Lucía).
— Y arañas (Irene).
— Y un teatro de miedo como *La mano negra* (Carmen).
— Yo buscaré los cuentos de miedo que hay muchos ahí (Jaume).
— Podíamos hacernos fantasmas o lobos (M.C.).

Esta misma tarde se han hecho unos fantasmas «terribles» y se los han llevado a casa «para asustar» a su gente, junto con una encuesta:

ENCUESTA:

1. Papá, ¿tú le tienes miedo a algo?
2. Mamá, ¿tú le tienes miedo a algo?
3. Hermano, hermana, ¿y tú?
4. Cuando tenéis miedo, ¿qué hacéis?
5. ¿Es de «pequeños» tener miedo, o lo tiene todo el mundo?

24 enero 1995

Los días posteriores hicimos lobos, serpientes, caretas de pesadillas, monstruos de todas clases...
Representamos escenas de miedo, delimitamos en un gráfico lo que sí existe y lo que no existe de las cosas que nos asustaban. Cantamos *Jugando al escondite en el bosque anocheció* y les leí algunos poemas de miedo que hice pensando en ellos (varios de de los cuales se los llevaron fotocopiados, a petición propia).

MIEDOS

Los fantasmas y las brujas me rodean dando brincos,
las pesadillas me asustan y el lobo con sus colmillos.

Monstruos verdes y terribles
vienen y van entre llamas,
los «pienso en sueños»
y tiemblo, por si me queman la cama.

Serpientes y cocodrilos me saltan en la almohada,
mientras yo digo dormido: mamá, que no me hagan nada.

NANA DE LO OSCURO

Cántame, mamita,
mira qué oscuro,
que se escapan mis sueños
uno por uno.

Cántale al viento,
que se lleve las sombras
y los lamentos.

Cántame, mamita,
cántame pronto,
que si tú no me cantas,
se acerca el coco.

Cántale al viento,
que se lleve las sombras
y los lamentos.

Cántame, mamita,
cántame siempre,
y dime muy cerquita
que sí me quieres.

La hormiguita colorá, ¡qué salá!

Una «foto del grupo»

«Somos los "Pingüinos", somos los mas finos»

Revestir el espacio de vida, de color, de detalle.

Dar tiempo y lugar al juego, privilegiada vía de aprendizaje y placer para el niño.

Centrados en la tarea

¡Ah! si yo volara

Los pájaros nos han invadido

«Un lobo gris, que era yo, que se está comiendo a Mari Carmen»

Proyecto de trabajo: «El miedo»

El «día de los abuelos» pone en la escuela un color especial

Abanicos, guantes, tinteros, plumiers…

«Mi abuelo Pepito me sube a coscoletes y la abuela
me da arroz con leche y canela»

Consuelo, nuestra cocinera, presenta la fiesta de los abuelos animada
por la sonrisa de su nieta Patricia

¿Chico o chica?

«¡Estoy más nerviosa de verme tan guapa con mi disfraz!»

«¡Visca Alacant!»

Moras y cristianas

«Mi tata algunas veces me pega, pero otras veces se vuelve buena y me deja jugar con sus juguetes»

«Yo de mayor seré princesa y mi novio será el rey»

El «Coro de la patata» nos enseña a cantar aquella de:
«Yo soy un artista que viene de París…»

«A mi madre le gusta una
música que dice:
somos jóvenes los dos»

«Esta eres tú»

«¡Ay, que bien baila mi novio el pasodoble!»

El gran conjunto músico-vocal, después de concienzudos ensayos, nos ofrece sus animadísimas canciones, que nos ponen a baliar inevitablemente

«Nanos i gegants. xicotets i grans, tots van pel carrer, sempre van ballant»

«Cuando sea mayor, llevaré siempre falda y tacones, y me pintaré los labios de rojo y las uñas de azul»

«Yo cuando tengo miedo, saco mi espada y le doy en el ojo a Drácula y lo echo para atrás»

Cinco rizadas a todo color

«El papá siempre nos coge en brazos para mimarnos»

Amasando amigos

La madre de Raúl nos
lleva con su acordeón
muy cerquita de la música

«Esta eres tú»

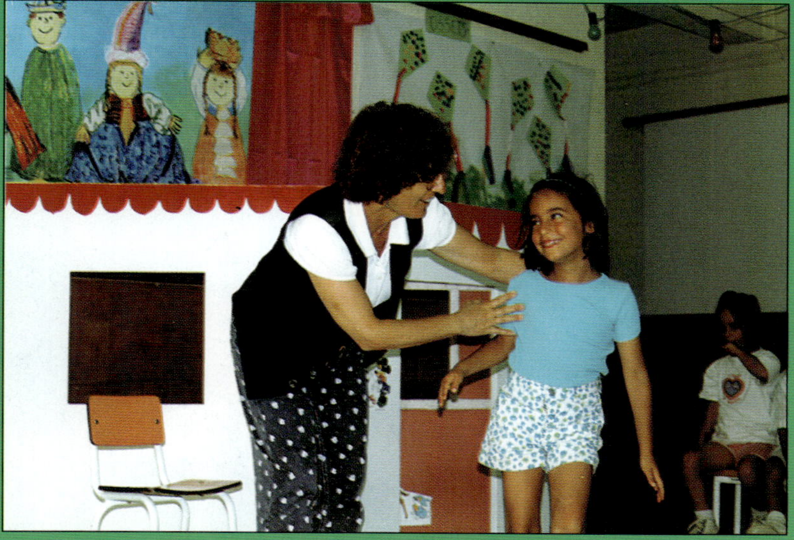

Uno por uno nos vamos despidiendo

Artistas en plena acción

LA BRUJA DE LA TORRE

La bruja de la torre
de la azalea
me da a mí mucho miedo
si se cabrea.
La torre se revuelve
con sus bramidos,
que me hacen erizarme
hasta el suspiro.
Los gritos de la bruja
son tan salvajes,
que no quisiera oírlos
ni por mil trajes

...pero ella me persigue
noche tras noche,
y me ofrece la luna
puesta de broche.

Fuimos leyendo y comentando las contestaciones que daban las familias a las encuestas, y que se prestaron a matizar, explicar, razonar, bromear...

Los cuentos de miedo se colocaron en mesa aparte y allí se fueron reuniendo la capa y los dientes de Drácula, de Octavio; el antifaz de Jaume; la careta de Néstor..., y todo lo de «más miedo» que cada cual aportaba. Leímos un día *El zurrón que cantaba* (*El hombre del saco*); y Lucía pidió pintarle en el saco las culebras y los bichos, así que fotocopié la ilustración, y así se hizo. También *Estrellita de oro*, *Los 3 cerditos* (en la versión cruda y realista que cuenta Irene), *Juan sin miedo* y varios cuentos de miedo, que trajo Alicia. Todos fueron leídos y disfrutados.

El teatro del viernes fue *Blancabella*; y la caja de disfraces tuvo un éxito enorme estos días.

Algunos están viviendo este pequeño proyecto con gran intensidad y desborde de energías; otros están más remisos, pero a todos les interesa muchísimo.

En una de las encuestas, la de Cleo, se leía que a su papá lo que le daba miedo eran las guerras; y eso llevó a una conversación sobre las paces y las guerras, muy del momento evolutivo..., y muy a propósito de la Fiesta de la Paz, que celebramos por estas fechas todos los años. Así fue:

M.C.	—¡Vaya, al padre de Cleo le dan miedo las guerras, como a mí!.
Juan	—Claro, porque ahí te matan, como al abuelo de José Vicente.
César	—Mi padre fue a la guerra y le hicieron una herida con un puñal.
Néstor	—En Béjar también hubo una guerra y echaron de allí a todos los franceses con unos cañones.
Octavio	—Yo fui a la guerra, y les di con mi espada a los que había, y volví y no me pasó nada.
M.C.	—Sería un sueño.
	—Sí, era soñando.
M.C.	—Y a vosotros ¿a qué os suena eso de la paz?
Carmen	—A mí a Jesús en su sitio allí en el cielo.
Juan	—A mí, a no luchar.
Octavio	—Yo estaba soñando un día con la guerra, que yo la «hací» con mi cuchillo, y una espada, y dientes de Drácula.
Caterina	— Yo de pequeña estaba naciendo de la barriga de mi mamá, y nada más nacer, ya soñé de la guerra, y me asusté.
Néstor	—Yo digo que la paz será que no echen a los franceses de Béjar.
Lucía	—Se muere en la guerra.
Carmen	—Pero si uno se muere, se va al cielo.
Mariví	—Sí, como mi abuelo.
Adela	—Yo soñé que había un monstruo en mi cama, y me tapé con la manta.
César	—Yo he soñado que mi padre se ha ido a la guerra para luchar con un ladrón.
Alicía	—En la paz se puede jugar, dos que ya no hacen guerra, que juegan y ya está hecha la paz.
Jaume	—Yo vi una película de indios, y había guerra, y me gustaba.
Juan	—Yo pensaba que estaba en la guerra durmiendo, y que mi padre, y mi madre también estaban dur-

miendo allí, pero mi hermano estaba luchando y le podían matar.

Mireia —En la paz la gente trabaja.

Yolanda —Un niño puede soñar en la paz, y sería soñar con bailar...

Mireia —O con juguetes...

Beatriz —La gente en la paz vuelve a su casa.

Ángel —Mi papá trabaja en Elche.

M.C. —No lo sabíamos, Ángel, y, ¿allí hay paz?.

—Sí.

Mariví —Yo un día soñé «en» la paz, que yo estaba jugando.

Octavio —A mí no me pasaría nada en la guerra, porque me pongo mi capa de Drácula, y no me hace daño ni el fuego. Y si me queman la casa, me subo al tejado.

Pilar —A mi me gusta la paz.

Ana —Y a mí.

Irene —Estaba soñando que mi papá estaba muerto.

Susana —Yo soy de la guerra.

M.C. —¿La de verdad, o la de mentira?.

La de mentira.

Paz —Yo también soy de la guerra de broma.

Caterina —Yo me voy a vestir de sevillana en Carnaval.

Conchi —Yo soy de la guerra de mentira.

Cleo —Y yo.

M.C. —A mi me da pena lo que pasa en las guerras.

Néstor —Yo he visto niños muertos en la televisión y era en la guerra.

Octavio —Mi padre se estaba quemando en el fuego de la guerra, y no había hospitales, ni nada. Era muy valiente, y el fuego no le hacía nada, pero se murió, y mi madre también se quemó con él, pero mis hermanos no, ni yo.

Están metidos en la magia, en la omnipotencia, en el momento edípico, en la confusión realidad-fantasía...

Ha habido varias cosas significativas con respecto a la relación familiar de algunos niños. César, por ejemplo. Está pensativo, se enfada con facilidad, está «raro»... La madre me llama para explicarme la situación; se encuentra en reposo por el embarazo, y como están tan unidos, el niño lo va a sentir mucho. Ella lo levantaba, lo vestía, le daba el desayuno, etc. Ahora, para «compensar» su falta, le deja acostarse en su cama, allí recorta, pinta, juega...

Le indico un poco el mal momento para César, que tendrá que separarse de ella interna y externamente, aceptar al rival, su hermano (que ya está quitándole el lugar, «que ha enfermado» a su mamá...). Tendrá que ser autónomo... Mucho trabajo por delante.

Es una pena que no hayamos podido hablar en una entrevista antes de lo del reposo. El papel del padre queda algo tapado aquí. ¿Cómo lo hará César para «atravesar» este tiempo difícil?

Alicia también está en exceso unida a su mamá. El día que vino, tras una ausencia por un viaje, su madre me pidió que no la obligara a comer, «por favor». La niña lloró al cerrar la puerta y dijo gritando:

—Quiero darle un besito a mi mamá, déjame ir.

—No, ya no, le has dado muchos.

—Pues llámala, y que me recoja pronto.

—No, ahora ya estás aquí.

—Pero yo prefiero estar con ella, porque se ve que hoy me he levantado de mal humor.

—Sí, eso pasa, pero no se puede estar todo el tiempo con las madres.

— Pero ella me da besos, y en el patio no sé que hacer, y no quiero comer hamburguesas.

Seguidamente me dirijo, entonces, a todos sus compañeros y les pregunto qué puede hacer Alicia en el patio, pidiéndoles que le den alguna idea:

Néstor	—Jugar con la tierra.
Conchi	—Meterse en los tubos.
Juan	—O subirse.
Irene	—O venir con nosotras.
Alicia	—No, que ellas no quieren jugar a lo mismo que yo, y no me hacen caso a nada.
M.C.	—Ah, pero eso es así, unas veces tú darás la idea del juego, y otras veces lo harán otras.

Alicia	—No, así no juego.
M.C.	—Bueno, pues estate sola, si lo que quieres es eso .
	—Mejor me voy a mi casa. Yo antes no iba a ninguna guardería.
	—Ahora ya vienes aquí.
	—¿Es que esto es una guardería?
	—No, es un colegio.
	—Ah, bueno.

Sigue llorando, y quejándose: «quiero irme con mi mamá, que llamen a mi mamá...» Intento calmarla diciéndole que se tranquilice, que aquí no pasa nada, y que hay mucho trabajo por hacer. Sus compañeros siguen interviniendo:

Juan	—Claro, aquí no hay bandidos, como en los cuentos.
Octavio	—Ni ladrones.
Alicia	—Pero no me da besos mi mamá.
M.C.	—No se puede estar siempre con los besos, hay que trabajar.
Alicia	—¡No me hables más! ¡No quiero oir esa voz que me habla así, yo quiero oír sólo la voz de mi mamá, que me mira y me dice: tesoro, tesoro, cariño, cariño...!
	—Ah, pues eso no puede ser, yo no soy tu madre, soy tu maestra, y no es igual, las maestras no estamos para eso.
Octavio	—Claro, ella no puede dar besos a todos —aclara.

En el patio, un rato después de esta «explosión», se me acerca Alicia y me dice:

—He visto un pequeño que lloraba.
—Bueno, eso se pasa, como a tí, que antes llorabas y ahora ya no lloras.
—Sí, porque se me ha apoyado un pajarito en la mano, y me ha quitado la pena.

Después de esta escena faltó tres días a clase.

Jaume también está muy inquieto ante la inminente llegada de su bebé. Él quiere que sea chico, y asegura que lo será. Está todo el rato hablando, jugando a cosas de miedo y de agresión, y creo que bastante confundido. Pienso que será conveniente citar a los padres para que sepan cómo va elaborando aquí este importante momento. Y menos mal que lo expresa.

27 enero 1995

En la entrevista con los padres de Caterina, hubo una frase inicial muy significativa: «¡Qúe duro fue el informe!, ¿no?». Lo dijo la madre, y enseguida lo negó, diciendo que no, que era «un decir», que era «broma». A la mitad de la entrevista, le volví a preguntar por qué había dicho eso, y el padre intervino para decir: «No le hagas caso, la niña es como tú la describes, es que a mi mujer le duele».

Los días siguientes al encuentro, Caterina se mostró muy cabezota, con genio, «pegona». Y hubo dos incidentes interesantes

Le habló a Juan de ser novios, y él aceptó, así que los anoté juntos en un corazón, pero por la tarde vino Juan a pedirme que lo «borrara de ella,» porque era muy «enfadona» y pegaba, y a él no le gustaban «las enfadonas». Ella se molestó bastante.

Cleo le dijo «chulica», y ella con lágrimas en los ojos vino a quejarse. Cleo se apuró por si le llamaba la atención, pero yo lo que hice fue preguntarle: «¿pero es chulica de verdad?», y ella contestó que sí. Ah, entonces... —dije—, y me callé. Caterina negó a gritos que fuera «chulica», y varios más dijeron que sí, que lo era. Le viene muy mal oír «las verdades», o que le lleven la contraria. Me he acordado de su madre, a la que también le cuesta aceptar algunas cosas...

El cartel de los novios ha tenido cambios, en efecto:

Néstor – Mariví	César – Carmen	Conchita – Jaume
Ángel – Lucía	Octavio – Adela	

Irene y Caterina pretenden a Juan. Como consecuencia, Irene mira cabreadísima a Caterina. Él acepta a las dos, pero Irene no quiere y dice: «pues me quedo sin novio».

Por la tarde, Juan rompe el compromiso, y Jaume me dice que lo apunte con Paz. ¡Qué acelerón de cambios!

Se llevan unas hojas con las poesías del miedo fotocopiadas, para que se las lean en casa, y Octavio comenta:

—Mi madre no sabe de eso.

—Bueno, pero lo puede leer ahí.

—No, no, ella no sabe decirlo, yo le ayudaré un poco a ver si le sale...

—Aquí lo pone escrito, ya verás como sí sabrá.

Es bonito este «no saber», de él, para de aquí a nada... «saberlo». El sentido de leer está a punto de ser captado por Octavio. Su mamá tendrá que dedicar seguramente más ratos a que él oiga historias y poemas leídos por ella.

¡Carolina ha vuelto a clase por fin! Lo ha pasado mal con las curas y los reposos por las quemaduras, ¡menos mal que ya está aquí! Nos hemos alegrado mucho todos, y se lo decíamos. Ella viene alegre, pero totalmente «no autónoma». Se pasa a cada momento por delante de mí, y me dice: «¿Y yo qué hago?»... Empezamos otra vez.

Mariví ha ido de nuevo al hospital por su problema con el gluten. Lo resiste bien, pero cuando va, suele venir pálida y ojerosa, y agradece que se hable un poco de ello en clase. Así no se siente tan sola.

1 febrero 1995

Ha venido la madre de Conchita con su barriga avanzada, y nos ha informado de que tiene un chico, y de que se llamará Ramón. Varios le han tocado la barriga con mucho cuidado. Ha estado bien. Cuando han llegado todos, hemos hablado de los hermanos, y la asamblea ha sido muy, muy reveladora:

Caterina: —Yo tengo un hermano. Se llama Carlos y es rubio
Nunca me pega y me deja ir a su habitación.

Cleo: —Yo con Olga estoy bien. A veces nos molestamos.
La pequeña es la que quiere ganar.

Beatriz: —A mi me tratan bien y mal.

Pilar: —Mi hermana Elvira me araña. Yo le doy besos.

Mireia: —Yo querría tener un bebé chica.

Paz: —Mal, a mí mis hermanos me tratan mal. Yo les quito las cosas, y ellos me pegan. Entonces la mamá nos castiga a todos. Algunas veces nos damos besos.

Ana: —Yo quisiera tener dos bebés: un chico y una chica.

Alicia: —Tengo primos. Yo quiero un bebé chica.

Ángel: —Yo quiero mi bebé chico, para jugar con él.

Irene: —Loli a veces me trata bien y a veces mal. Me pega, y yo también. Me saca la lengua, y yo me disfrazo de monstruo y la asusto.

Susana: —Mi hermano me pega.

Carmen: —Mi Tata algunas veces me pega, pero algunas veces se vuelve buena y me deja jugar con sus juguetes.

Lucía: —Mi hermana me quita los juguetes, pero luego juego con ella, y me deja lo suyo. Y me acerca la cara para que le dé besitos.

Néstor: —A mí me gustaría tener una hermana, pero soy «el único».

Margarita: —Mis hermanos algunas veces me pegan, y otras se quieren venir a mi cama a dormir.

Carolina: —Yo quiero tener un bebé chico.

Mara: —Mi bebé estira del pelo, me araña y me pega, y qué te crees, aunque yo no tengo un coche igual que el suyo, pero tengo otro que lo puedo «conformar» en silla.

Octavio: —Yo tengo un chico y una chica. Son mayores. Me tratan mal y bien. A veces me pegan, y me tiran del pelo, y yo «se la devuelvo». A veces me dan besos y eso me gusta bastante.

Juan: —Un día mi hermano se vistió de Superman y yo de Batman. Fuimos al campo y cogimos «bichos de bola». Me trata mal y bien. A veces yo le le pego.

Jaume: —Mi hermano está en la barriga aún. Si es chico, me lo quedaré; y si es y si es chica, se lo regalaré a mi prima

Talía. Mi papá le pegará a mi bebé y como yo a veces hago teatro de monstruos en mi casa, lo asustaré. Me quita mis cosas del miedo, mi espada, mi antifaz.

César: —Mi bebé está en la barriga de mi mamá, creo que le dejaré mis juguetes. Ayer quería tener un bebé yo.

Adela: —Tengo un bebé, es chica, se llama Victoria, aún no ha nacido. ¡Me apetece que nazca ya!

Mariví: —Mi hermano me pega, me araña y me tira de los pelos.

En este momento «conviven», como temas de interés real el miedo, los trabajos de los padres, los cumpleaños frecuentes, y los hermanos (nacidos o por nacer)...

Después del patio hemos representado un teatrillo en valenciano, *La princesa Ratolina*, y han pedido pintarlo al terminar. Me felicitaban por lo elegante que iba (era la princesa), y Lucía ha propuesto que «se lo escriba» para leerlo en su casa. Beatriz ha añadido que en la máquina de las fotocopias saldrá muy bien, y habrá para todos, así que no queda más remedio que hacerlo.

2 febrero 1995

Hemos hecho la primera sesión de talleres.

Había cuatro. Uno era un hospital, en el que tenían que confeccionarse un distintivo (con la cruz roja, claro), para poder «entrar». Abundante material médico les esperaba: jeringas, ropaje sanitario de color verde, gorritos, (todo ello auténtico), y unas cuantas cosas también de juguete.

Otro era de construcción de casas con maderas, piezas de diversos tipos... Otro de sastres y modistas, en el que un rato probaban ropa a las muñecas, y otro recortaban y decoraban faldas, trajes, etc.

El cuarto taller era de jugar con piezas de plástico a engarzar, atornillar... Y luego se hacían un martillito de cartulina y un palito de polo.

¡Han salido muy bien! Apovechando el tema de los «oficios», hemos empezado esta manera de enfocar los talleres, con su libre elección, sus propuestas abiertas, su autonomía, sus normas... Lo han entendido perfectamente, así que, de ahora en adelante, y al grito de «¡A los ricos talleres, para los hombres y las mujeres!», trabajaremos en pequeños grupos y en torno a diferentes propuestas (de los niños o mías).

3 febrero 1995

El padre de Mariví nos ha visitado hoy para hablarnos de su trabajo: diseñador («dibujante», le decíamos). Ha mostrado gran cantidad de carteles, folletos, pegatinas, cajas, diseñados por él. Ha respondido a nuestras preguntas... y nos ha dibujado un cartel precioso para el bar que pensábamos montar entre las dos clases del nivel. Se llamará El bar la Pera, y los niños han ido dictándole todo lo que tenía que contener, desde las gambas, a la gramola. Mientras, entonábamos las canciones alusivas que se nos iban ocurriendo. *En este bar te vi por vez primera..., Camarera, camarera...*

Una mañana muy bien aprovechada. Luego hemos ido de excursión por el campo, como todos los viernes, y, por la tarde, el teatro ha sido *La princesa mona*, y tan logrado ha resultado hoy, que Mariví ha comentado al entrar a merendar: «¡ay, me gustaría que ahora fuera la hora de empezar el teatro, para poderlo ver otra vez!».

He oído que Octavio le decía a Alicia: «¿sabes que cuando sea mayor voy a ser tío?», y que ella, sin impresionarse mucho, le contestaba: «pues yo, torera», y eso me ha hecho animarme a preguntarles a los demás qué querían ser de mayores.

Unos cuantos se decidieron por ser indios, nada menos que ocho querían ser pintores, y tres coserían faldas «para ponérselas con los tacones». Mireia se pronunció por ser profesora, Paz sería policía y Yolanda iría a E.G.B. La que se salió de los cánones, cargada de buen humor, fue Irene, que, muy seriamente, aseguró que de mayor sería... ¡calcetín!, cosa que provocó una carcajada general.

6 febrero 1995

Esta tarde Jaume se ha acercado a mí, y, entre dientes, me ha dicho: «voy a ir a mi casa a por mi pistola y nada más volver, te mato».

—Y eso por qué, ¿por no dejarte ir al taller que querías?

—Sí.

—Pues estaba lleno, así que...

He tenido la entrevista con sus padres, y parece que se han alegrado de saber que aquí habla mucho más y cuenta lo que siente. En casa aún no se atreve. Intentarán «tirarle de la lengua».

Mara vuelve a estar enferma; creo que manifiesta en el cuerpo su malestar por el bebé, llama la atención sobre ella, hace que la cuiden...

César está despistado y de mal humor. Sólo piensa en jugar, habla poquísimo.

Y Conchita, «nada de nada»; se mantiene hermética.

La que mejor lo lleva de momento es Adela.

7 febrero 1995

Les he contado algo de la vida de Verdi por medio de un cuentecito que inventé una vez, y en el que «sale» el argumento de *La dona é mobile*. Rápidamente se han identificado con Rigoletto, con Gilda, y algunos hasta con el conde malvado. Les ha gustado mucho la música y la historia, y han pedido —¡como siempre!— hacerla en teatro, dibujarla y disfrazarse de Gilda, etc.

Al medio día he visto una escena en la que César era el centro de atracción de seis o siete chicas que le decían (bajándose los pantalones): «¿te gusta, te gusta?».

Ya empezamos, como siempre, a mostrar el cuerpo, a diferenciarlo, a irse conociendo «más enteros».

A las tres ha venido otra «visita». La madre de María, bibliotecaria. Ha explicado su trabajo, y ha contado tres cuentos. Una sesión relajada y tranquila con bostezos y gente durmiendo a todo dormir (Marieta, Conchita y Ángel). He estado observándolos uno a uno, y, al volver a nuestra clase para merendar, les he dicho las caras que ponían cada uno, lo hemos pasado muy bien.

Las poesías que les leo antes de la merienda —tres cada día— han dejado de ser de miedo y han pasado a ser:

LA HORMIGUITA COLORÁ

La hormiguita colorá,
¡qué salá!
se me mete por aquí,
ay, sí, sí.

Se me sube por el pie,
¡che!, ¡che! ,¡che!,
se me cuela en el bolsillo,
¡ay!, que chillo.

La hormiguita colorá
no hace ná,
come azúcar,
come miel
y papel.
La hormiguita colorá
ya se va
la hormiguita colorá,
¡qué salá!

CONEJITOS

Mi conejito blanco
lleva zancos;
mi conejito azul,
un tul.

Mi conejo marrón,
un mantón.
Y mi conejo rosa,
una mariposa.

EL PÁJARO FRESA

He visto un pájaro fresa,
¡qué sorpresa!

Se ha detenido en el suelo —terciopelo—,
picoteando una rosa —preciosa—,
saboreando un mosquito —pobrecito—,
levantando su penacho —de pistacho—,
y guiñándome su ojo —¡ay, si lo cojo!—.

He visto un pájaro fresa,
¡qué sorpresa!

Las recitan conmigo. Les encantan. (A mí me gusta que les gusten. Circuito cerrado de satisfacción. ¡Cuidado!)

El tema de los trabajos sigue «de fondo», aunque hablan mucho de los bebés, del Carnaval, de la muerte.

10 febrero 1995

Hoy vendrá Mario, el padre de Cleo que es psicólogo, para dar una charla a los padres sobre los celos. Se lo he comentado a los niños, y varios han dicho que se lo dirán a sus padres. Me han aconsejado que me pinte los labios (Carmen), y me ponga tacones (Irene), para la reunión.

Están hablando de «cagarrutas», de que han tocado «caca» del váter, de hacer «pis»... Me suena al «tema bebés», regresivo y «contagioso».

Ángel no está muy bien, no levanta cabeza, se pone malo sin parar. Mara también, y Ana. Cada cual por una cosa, ¡qué fuerza tienen las cosas de adentro...!

OBSERVACIÓN DE LA SESIÓN DE JUEGO SIMBÓLICO (30')

Néstor	— Pinta arañas y dice: «me gustan los malos».
Ángel	— Observa a Néstor.
Margarita Caterina Mariví	— Discuten en la cocina.
Beatriz Octavio Juan César Jaume	— Pelean con armas y chillan, juegan a Batman.
Adela Mireia Mara Lucía Margarita	— Se disfrazan de monstruos.
Cleo Irene Carmen	— Hacen rompecabezas.
Carolina Paz Yolanda	— En la cocina.
Conchi	— En la cocina guisa «veneno y bichos».
Alicia	— Pinta en la pizarra.
Ana Pilar	— Hablan y se ríen.

Veo que los agrupamientos para el juego son bastante flexibles, aunque hay quienes mantienen sus «patrullas». El tema del miedo aflora continuamente.

13 febrero 1.995

Néstor dice que va a venir disfrazado «de malo.» Elige siempre los papeles más siniestros o agresivos. Tiene lío en este tema. Por un lado se le pide que sea cordial, bueno, agradable..., por otro, él (acostumbrado a estar solo, «de hijo único», y a hacer lo que se le antoja...), tiende a tener conflictos por no ceder, no compartir, no tolerar la frustración... Su padre le permite jugar a luchas con él. (Y yo también). No sabe qué puede hacer y qué no, y ha optado, parece, por derivar lo agresivo al mundo de la fantasía. Pero, claro, no todo lo agresivo. Hay cosas que se le escapan sin casi control, y si lo veo y se lo digo, lo niega.

Ángel, por su lado, dice que vendrá vestido «de nada». «¿En pelotas?» —le pregunto yo de broma.

—No, no, vestido, pero vestido «de nada», porque en mi casa no hay nada para ponerme.

Nos reímos y lo animamos a buscar algo, o a hablar con sus padres de ello.

14 febrero 1.995

Hoy Jaume, jugando a médicos, le ha hecho daño en la barriga a Adela. Parece que le ha «clavado» unas tijeras de plástico de ésas que vienen en los juegos de instrumental médico. Ponía cara de «ahinco» y no se ha sentido mal al reñirlo, ni nada. Ayer se pintó con cuernos, y a su bebé al lado. Me dijo: «mi bebé se asusta de mí.» Debe sentirse muy culpabilizado por lo que siente. En fin, lo importante es que lo vaya explicitando.

Alicia sigue con su forcejeo al entrar y al salir, le cuesta «meterse» en la dinámica de clase, que la miren, pensar dónde sentarse... Es muy habladora y autónoma, pero se muestra temerosa también. Reclama de su madre que la recoja a las tres, aunque luego no se quiere ir... Hoy la madre se ha enfadado mucho con ella. Si pudiera pararle los pies. Frenarla le daría seguridad. Saberse contenida la tranquilizaría. Hablaremos.

Mara está mimosísima; César hecho un mal genio total. Caterina se le declara a Juan de vez en cuando, pero él se reafirma en decirle «que no» por ser «una enfadona» y mandar en todos. Eso la entristece, pero le viene muy bien; va cambiando «a mejor».

Susana, Pilar y Ana hablan un poco más. Conchita, menos; también está muy mimosa.

Últimamente hacen trastadas de un tipo que ya está «pasado»; por ejemplo, subirse de pie en una mesa, o en el borde del inodoro, gritar en clase... Están nerviosos por las pugnas de poder, por los celos, por la sexualidad, por el miedo y la excitación que provoca el Carnaval... Mantengo las normas estables. Esta tarde me he disgustado con unas cuantas niñas que se habían encaramado al váter. Me da miedo que esto «pulule»; por un lado, porque se pueden caer y hacerse daño, y, por otro, por si deducen que si se saltan nuestras «leyes», no pasará nada.

Dentro de poco será la asamblea de padres. Les contaré los últimos «acontecimientos».

— Se cura mi esguince.
— Vuelve Carolina con los pies ya casi bien.
— Varios padres nos visitan para hablarnos de sus profesiones.
— Dos niñas van al hospital para exploraciones de estómago e intestinos. (Es sólo un día, pero se habló en clase, y se les prestó un apoyo general.)
— Ha habido muchos cumpleaños.
— Les expliqué que habría una charla para padres sobre los celos.
— Celebramos la fiesta de la Paz y estamos preparando el Carnaval.
— Estamos «embarazados» a todas las horas del día...

Después entraré en el punto «trabajo», en el que explicaré a qué le llamamos «proyecto de investigación colectiva», y contaré el del miedo, que tan bién ha ido.

Comentaré cómo hemos tocado el tema de «los oficios», invitando a un padre diseñador, a una madre bibliotecaria, y a otro padre psicólogo.

Y detallaré el trabajo de TALLERES, como metodología interesante en este momento. De todas formas, aún hay más cosas:

— La repercusión de la música de *Verdi* (la solicitan, traen cintas «de él»; hemos representado en teatro *La dona é mobile...*)
— El «contarse» en las mesas.
— Las rimas (muchos se han lanzado a «ser poetas»).
— Las primeras votaciones.
— El gusto por poner sus nombres, como signo de identidad personal.
— La actitud de casi todos de proponer, inventar, trabajar...

Les diré cómo va el termómetro de las relaciones, y la socialización incipiente. Cómo sigue habiendo:

— mucha centración,
— juego solitario y en grupo,
— simpatías y antipatías muy extremadas.

Y cómo se escuchan más unos a otros, disfrutan identificándose con los amigos, se van sintiendo seguros en el grupo...

También les comentaré el mimo que manifiestan por los embarazos, y sus repercusiones en la marcha global del grupo de clase:

— «contagio»,
— agresividad (enfado, pegar),
— regresiones,
— bloqueos...

Espero poderles transmitir mi impresión, y que ellos me cuenten cómo se vive desde la casa todo este «lío» de aquí.

Los padres de Pilar me comentaron que, desde que hablamos en la entrevista, están cambiando cosas en la casa, y la niña ya no se hace pipí por la noche. Le quitaron los pañales, verbalizándole que «estaban equivocados y que ella ya era mayorcita y no los necesitaba». ¡Qué bien! Se lo dije a los demás, valorándola mucho. También nombré lo del dedo (se lo chupaba), y Cleo dijo que ella ya tampoco se lo chupa. Caterina aseguró que ella tampoco, pero le llevaron la contraria todos y se enfadó.

19 febrero 1995

Celebramos la asamblea, y estuvo muy bien: buen ambiente, profundización, debate... Vinieron veinte personas. Hubo una intervención muy interesante de la madre de Ana acerca de si sería o no una falta de respeto que les permitiera que me dijeran cosas como ésta que me dijo Jaume: «yo a tí te mato». Acababa de contar que, por suerte, empezaban a manifestar los sentimientos de un modo u otro, y puse ese ejemplo. Le contesté, desde mi punto de vista, y luego pedí al resto de los padres que opinaran. Fue muy bueno ese rato de debate, porque ella no lo tenía claro, y seguía insistiendo. El padre de Cleo dijo que «dentro, las cosas se pueden agrandar o estropear, pero que si se sacan, se van resolviendo». Hubo quien dijo que «si se dice, no se hace». Otros explicaban el gran «respeto» que me tenían sus hijos, con ejemplos concretos...

A mí me costó hacerme entender al exponer uno de los puntos, que era el de la necesidad que veo de unas «pequeñas dosis» de frustración desde bien pronto para tolerar la vida en sociedad, las situaciones nuevas, los errores..., y cualquier conflicto, dolor o dificultad que se nos vaya presentando. Quise decirlo con tanto «cuidado» para que no se «asustaran», que no se me comprendió bien. Cuando me pude dar cuenta..., resumí el asunto en palabras sencillas: «que les paréis los pies», que no hagáis las cosas por ellos, que no temáis decirles que no..., que eso no es malo, sino bueno, y justo y necesario...

20 febrero 1995

Esta mañana ha venido una alumna de tercero de Magisterio que asistió a unas charlas que di no hace mucho. Venía a «respirar el ambiente», y eso es lo que ha hecho. Ha presenciado una asamblea sobre el fin de semana muy larga y divertida, y luego una sesión de juego simbólico, en la que yo le iba diciendo las observaciones que hacía de cada niño, a nivel individual y grupal. Ella también me decía lo que iba viendo, y ha sido un intercambio muy bonito para ambas. En el patio, después, íbamos comentando las charlas aquellas, y la sensación de «irrealidad» o utopía que algunos compañeros le habían dicho que tenían sobre nuestra escuela. Ella, por el contrario, veía posible este modo de estar con los niños, y es por eso por lo que ha venido... a comprobarlo.

Antes de irse, me ha dicho que en otras escuelas había notado que los niños se le echaban medio encima, y la acosaban con demandas de afecto o de conversación... Y aquí los veía ocupados en sus cosas, contentos, autónomos..., bien.

Qué gratificante tener visitas así...

«Yo con mi cactus.»
- Joan -

OBSERVACIÓN DE LA SESIÓN DE JUEGO SIMBÓLICO (45')

Jaume Adela	— Juegan a médicos de bebés y él le hace daño con una jeringa en la barriga a ella.
Margarita	— Se disfraza.
Caterina Mariví	— En la cocina.
Beatriz César	— Luchan.
Octavio Juan	— Con los camiones en el patio pequeño.
Adela Mireia	— Se ponen bebés en la barriga.
Lucía	— En el espejo.
Mara	— Juega con las cosas de bebés.
Cleo Irene Carmen	— Son bebés que gatean.
Néstor	— Se viste de médico y mira.
Ángel	— Construye un rato, luego mira.
Ana Pilar	— Con biberones.
Alicia	— Viste un muñeco.
Conchi Paz Carolina Yolanda	— A mamás y a bebés.

21 febrero 1995

¡Todo el mundo está nervioso por los Carnavales! No se habla más que de eso... Hay quien hasta lo verbaliza: «estoy más nerviosa de verme tan guapa con mi disfraz»..., dice Lucía.

Se han confeccionado coronas o gorros de enanito para mañana, que es El día de Blancanieves, y caretas de fantasma con «arañas colgantes» para pasado mañana, que es «El día del miedo». Todo este ambiente de decoración festiva les encanta, pero, sin duda, lo que esperan con más ilusión es el tercer día, en que vendrán vestidos de sus casas de... lo que sea. Traerán los disfraces de sus sueños, de sus identificaciones, del laborioso trabajo de sus madres, abuelas, padres. Toda una emoción.

Esta tarde en la merienda alguien ha dicho: «Mireia dice que va a casarse con su papá». «¿Ah sí, y por qué?» —le pregunto.

—Porque me gusta mucho.

—Pero él ya tiene novia, ¿no lo sabías?

—No.

—¿No la conoces?

—No.

—¡Es tu mamá! —le dice Paz.

Ella se pone muy seria.

Cleo también quiere casarse con su papá, dice, y Margarita con su hermano Antonio.

—Pues no podrá ser —les digo—, ni con los padres, ni con los hermanos se puede casar una, «eso es así».

Me doy cuenta de que las elecciones de personaje para los disfraces no son nada fortuitas. No es que sea nuevo esto de las identificaciones con los protagonistas de una historia, pero siempre es enriquecedor ver si lo que ellos eligen va por la línea de lo que muestran, o no. Si responde a las hipótesis que me he hecho de su evolución, o no... (Elegir tiene esas ventajas.)

Ha habido un gran grupo de *Blancanieves*, doce, en el que se reúnen las niñas con una buena autoestima, con una clara identificación con su sexo, con unas ganas de crecer, con una fuerza... Luego hay un grupo de seis enanitos, cinco chicas y un chico (el más bajito y menudo de la clase). Aquí se reúnen niños con ciertos miedos, gusto por la fantasía, deseo de pasar desapercibidos.

Hay cinco chicos que eligen ser príncipes. Uno de ellos pidió ser madrastra y le dijimos «que no». Hubo una protesta general, que apoyé por entenderla como búsqueda de clarificación colectiva. Cambiar de papeles en el sexo ahora les confunde, me parece.

Otra niña eligió ser la madrastra y lo hizo con humor y socarronería, sabiendo que puede fingir ser la mala, pero que no lo es. Otra más pidió ser *Bambi*, pero no le supe preparar la careta, y al final se hizo una corona de *Blancanieves*.

Muy curioso todo.

22 febrero 1995

¡Ha nacido Montse, la hermana de Jaume! Ayer él no vino, y al preguntarle por qué, me ha dicho que «estuvo malo». ¡Veremos cómo van las cosas! Él insistía en querer «un chico»..., y se mostraba tan nervioso últimamente... Al preguntarle cómo es la nena, dice sólo que se llama Montse, y que «tiene pies». ¡Algo es algo!

Es el primer día de Carnaval, y lo pasamos muy bien. Antes de nada, nos acicalamos con las coronas y demás cosas que nos hemos ido confeccionando estos días. Luego nos pintamos y salimos a ver el teatro. Un momento antes de empezar, hago saber al respetable público que Jaume «ya no está sólo», que le ha nacido una hermana, y pido un aplauso para él, que sonríe, algo azorado.

Por la tarde, un poco antes de celebrar el cumpleaños de Paz, oigo a Ángel decirle a Lucía que «las maestras no son amigas». Ella ponía cara de enfado y le decía «que sí». Se me ocurre intervenir, diciendo: «sí, somos amigas, Cari, Reme,Tere, Encarna...» (nombré a todas las maestras). Pero Ángel se reafirma diciendo: «sí, pero de Lucía tú no eres amiga». Me quedo parada un momento, por efecto de la sorpresa... y por ganar tiempo, a ver qué contesto. Y acabo con un discurso no demasiado claro, que viene a decir que los maestros somos amigos entre nosotros, pero que con los niños «no es igual, porque son más pequeños». Al ver la cara de desespero de Lucía, añado: «quererlos sí que los queremos, a los niños, pero de un modo especial, no como los amigos, sino de manera diferente...».

Total, un mensaje confuso, y que me hace pensar bastante. Por un lado, ¿cómo es que Ángel le dice esto a Lucía? ¿Para ponerla rabiosa? Puede ser, a veces hace cosas así. ¿Para informarla de algo que él ha descubierto? También puede ser. Recuerdo que hace un tiempo él me invitaba todos los días a su cumpleaños, y yo le decía que no podría ir, porque si iba, tendría que ir al de todos los demás para que no se sintieran mal, y que eso era mucho tiempo, y mucho lío, así que no iba a níngún cumpleaños. No creo que le dijera más. Quizás su madre añadiera algo a esto, o él ha llegado a alguna conclusión por sí mismo... El caso es que esto nunca me había pasado antes, y me desconcierta ver lo mal que lo he explicado a los niños. Me resultaba duro decir: «no soy amiga vuestra»; era como decirles: «no os quiero». Y no se trataba de eso... tampoco. Sin embargo, no podía decirles sin más ni más que era «amiga suya». Es para mí tan importante decirles en todo momento «la verdad». O lo que es verdad para mí...

Susana entra a que le firme una carta, y le pregunto su parecer en esto de si las maestras son o no amigas de los niños. Contesta que sólo un poquito, porque las maestras son más mayores y, además, mandan.

Lucía sigue seria. Le digo que no se preocupe, pero... está extrañada. Después, hacemos venir a Encarna para ver qué piensa ella de esto. Dice prácticamente lo mismo que yo, pero añade algo muy significativo: «es como los padres... que quieren a los hijos, pero no son sus amigos, son... otra cosa».

César, rápidamente, aclara que él sí es amigo de su papá. Encarna, igual de rápida, le dice que no, que es su hijo, y que un hijo no es igual que un amigo, es más.

Adela le da la razón a Encarna por lo del mando. Dice: «claro, porque los maestros mandan y los niños no»... Se ve que ha recogido lo que decía Susana.

Bueno, hasta ahí «el incidente». Ahora viene la fase de «acomodación». A ver cómo nos acomodamos a seguir sintiéndonos bien juntos, sin ser exactamente «amigos».

23 febrero 1995

El teatro de *El monstruo peludo* ha estado muy bien. Lo han querido dibujar, y han pedido «que se repita» otro día. Por la tarde, en la merienda, surge una conversación muy interesante:

Irene:	—Mireia le ha pegado a uno de las «Jirafas» y él le ha dicho que se iría al cielo a la piscina de fuego de los demonios.
Juan:	—Era mi hermano.
Mireia:	—Sí, era Aurelio.
Cleo:	—Pues eso no es, que en el cielo sólo hay perros.
Octavio:	—Y Jesús.
Mariví:	—Y abuelos muertos.
Yolanda:	—Pero nada de monstruos.
M.C.:	—¿Y tu hermano piensa eso del fuego?
Juan:	—Sí.
M.C.:	—Ah, pues con razón se asusta...
	—Pues no, Mireia, no pasa nada. Si pegas, lo que pasará es que molestarás a los otros, y se quejarán de tí, o te la devolverán.
Mireia:	—Pero ha sido sin querer
M.C.:	— Pues eso se habla y ya está.

24 febrero 1995

El tercer día de Carnaval ha transcurrido entre música, desfiles e intercambios de ropajes... Muy cansado y muy divertido. En un momento dado, por el patio, le digo a Lucía:

—Qué bien lo estamos pasando, ¿eh?..., y eso que no somos unas amigas corrientes, sino especiales, ¿verdad?.

—Sí, —contesta con una sonrisa pícara.

¡Menos mal! Parece que captó la idea.

1 marzo 1995

Hoy tenía pensado iniciar el tema «animales», no sabía muy bien cómo. Si yéndonos a ver las palomas y demás animalillos del patio, si haciendo una asamblea para hablar de los animales que cada uno tiene en su casa... ¡Y de pronto ha entrado un perro a clase! ¡Vivito y coleando! Se ha sentado en el suelo tan campante, esperando a ver qué pasaba... Ha sido increible. Estaban todos asombrados. Yo más. Y el perro allí... Después de bien mirado, y de unas cuantas caricias..., le hemos despedido con el agradecimiento por «la visita».

Les he enseñado un baile nuevo, que, según creo, vendrá bien para la actuación que habrá el Día de los abuelos. Es el baile del «ñitos». Con su historieta detrás, con su gracia, con el detalle de ser «por parejas». «Cada oveja con su pareja» —les decía...

Les ha gustado mucho eso de que los ñitos son unos enanos muy pequeñitos, que se le meten a la gente por la oreja, y les hacen reir y bromear. En ese momento, los de la clase vecina, los «Delfines», han venido en comisión a pedirnos algún libro de animales del mar, porque allí habían votado aprender cosas de esos animales. Les dejamos uno, y queda en el aire la pregunta de: ¿y nosotros, de qué animales aprenderemos? Carmen propone: «pues podríamos aprender de los pájaros, porque como nos gusta esa poesía de *he visto un pájaro fresa, ¡qué sorpresa!*»...

Quedamos en hablarlo después del patio. Y eso hacemos. Alguien dice: «además, como tenemos una niña que se llama Paloma, en el colegio...». Yo propongo ir a mirar las palomas para pensar mejor si nos interesan o no. En el gallinero, Octavio descubre un pájaro muerto, casi irreconocible ya, en un rincón. Varios comentan que lo habían visto caer; y sale, de nuevo, el tema de la muerte, y que si viviría, y que si no... Miramos bien las palomas, y entonces les pido que cojan una piedra para votar de qué animales quieren aprender cosas. (Lo hacemos con el sistema acostumbrado, copiado de los indios de *Flecha Rota*.)

Al entrar, dibujo rápidamente un pájaro y otro animal (me sale un híbrido, entre perro y lobo). Ellos dicen: «¡ah!, pájaros o lobos». Y no les aclaro que he hecho ese otro animal por error, o por ir demasiado deprisa.

Debía haber hecho pájaros o «no-pajaros», con un pájaro tachado. O bien darles a proponer a ellos más tipos de animales. Pero era tarde, había mucha excitación en el ambiente, y lo dejo estar. Votan: catorce a los pájaros y once a los lobos. ¡Gran aplauso!, y en eso que llaman a la puerta; era «el inspector», que venía a saludarnos. Se ha encontrado con este lío y le han explicado ellos mismos lo que estaba pasando, a toda voz y atropelladamente. Ha estado muy bien.

Por la tarde, en los talleres, recortan de las revistas fotografías de pájaros; dibujan palomas con tiza mojada; miran los cuentos, a ver si los hay de pájaros; van a buscar plumas por los alrededores del gallinero...

Parece un buen inicio.

Decido no hacer cartas para que traigan cosas sobre el tema, a ver si ellos lo recuerdan, o no, para mañana.

Les leo el cuento *La canción más bonita,* que es de pájaros (y precioso, por cierto), y veo que les gusta.

2 marzo 1995

Cleo ha traído un libro titulado *El huevo,* y Beatriz un vídeo, *Juan Salvador Gaviota.* Lo vemos diez minutos sólo porque se cansan... Sin embargo, aprecian el vuelo de las gaviotas y lo bonitas que son, y oigo decir:

Octavio — «¡Ay, si yo volara!».
Carolina — «A mí me daría miedo caerme».
Adela — «Pero las pobres gaviotas, que frío pasarán sin pelo...».

Llevo a clase el pajarito que hay en la entrada del colegio. Susana nos dice que es un canario, y que se llama Perico. Adela vuelve a lamentarse de que: «¡el pobre sin pelo!, ¡sin pelo!...». Le digo que tiene «otra cosa», y varios dicen: «tiene plumas». Seguidamente Irene aclara: «sí, y son suaves, que yo las he tocado, antes de que se me escaparan mis dos pajaritos».

—A mí también se me escaparon —dice Margarita.
—A mi abuela no —contesta Mireia, tan convencida.

Y empiezan a hablar de los pájaros.

Después dibujan a Perico, y lo comparan con el perro que vino ayer, «que tenía más patas». Con las palomas, «que son más gordas». Con los rubios de clase, «porque tiene la barriga amarilla». Con Juan, Jaume y Lucía, «por los ojos azules»... Y así.

Recitamos la poesía del *Pájaro fresa*, y la ilustran con gran dedicación.

6 marzo 1995

Yolanda trae un libro de pájaros, Cleo un huevo, Irene un nido con un pájaro dentro... Esto último da pie a que les enseñe la canción de *La pájara pinta.* Les gusta bastante, y la escenificamos por parejas. Después bailamos el baile del ñitos para que Ángel lo aprenda (no ha venido unos días), y pasamos ya a la asamblea del fin de semana.

Hablan largo y tendido del cumpleaños de Yolanda, ¡al que fueron diecinueve de la clase! y, al terminar, dice Cleo: «¿y tú, por que no viniste?» Se hace un silencio, y les vuelvo a explicar eso de que las maestras no son igual que las amigas, son «otra cosa», y van a los cumpleaños de la gente mayor, pero no de los niños de su clase. Creo que lo van entendiendo.

Después del patio les leo dos hojitas del libro *El pájaro y su nido*, y hay un derroche de manos levantadas, que quieren hablar... Van verbalizando lo que saben y lo que no de los pájaros, mezclado con lo que temen, o lo que sueñan (ellos o sus parientes..., Néstor ha contado que su mamá «soñó con unos ojos que la miraban, y que era una pesadilla de vampiro»). La dinámica era más o menos así: yo leía un poco —dos o tres frases—, y ellos levantaban la mano, o la voz, para comentar, añadir, etc. No hemos pasado de las dos primeras páginas. He intentado saltarme trozos, pero solía siempre alguno ver la ilustración correspondiente, y preguntar al descuido justo lo que yo había querido dejar. Por ejemplo, sobre los pterosaurios, me he dejado las frases que aludían a ellos, y César me ha preguntado si había dinosaurios voladores.

O sobre el deseo de los hombres por volar, que, aunque para mí era muy interesante como tema, me había saltado por no alargarme demasiado. Bueno, pues Octavio lo ha visto y con su dedo justiciero me ha dicho: «¿y éste quién es, un hombre volador?». Entonces hemos hablado de ese deseo de volar que tienen las personas desde antiguo, y de que, a veces, hasta se sueña en ello, y... han empezado a decir que ellos también querían volar, y que a lo mejor podían con alas de cartulina, o con capas voladoras... He empleado todas mis dotes de convicción para asegurar que no podía uno volar así, y que por eso las personas habían inventado los aviones, que se parecen tanto a los pájaros... Al terminar he oído a Octavio diciéndose a sí mismo: «no puedo volar, no soy pájaro».

Al leer que los pájaros no tienen dientes, y que se tragan los alimentos, que son triturados y transformados en papilla en la molleja, ha habido un momento de asombro, y más comentarios:

— Molleja, como una molla gorda (Margarita).
— Molleja, de eso también tienen los pollos y me lo como yo en el cocido de mi abuela (Carolina).
— Es como una batidora... (Mireia).
— Hace batidos (Néstor).
— ¿Hará ruído como la lavadora? (Cleo).

Al ver el esqueleto de un pájaro... ¡nueva expectación! ¿Pero es que tienen huesos? ¡Qué flacos! ¡Qué raros!

Ha habido un rato precioso, mezclado de magia y de «verdades», de deseos voladores y de pisar tierra...

Por la tarde hemos confeccionado unas bonitas palomas con cartulina y papel seda. Mireia se ha quejado de que se nos estaban olvidando «los pies», y aquí ha venido el explicar un poco que «para volar mejor los esconden, y que por eso los aviones, que se copian de los pájaros, esconden también las ruedas y la escalerilla de subir y bajar».

Para acabar el día, tenía entrevista con los padres de Adela. Hablamos del parto, ya inminente, de cómo se lo tomará la nena, de que va verbalizando las ganas de que nazca la hermana y la rabia que le da que los regalos no sean para ella. Y me cuentan una cosa graciosa. La madre le explica a Adela que a su clase (es profesora de instituto) iba a ir una «sustituta», igual que cuando yo estuve con el esguince y vino Rosa. Entonces ella le aconseja: «pues lo que tienes que hacer tú es ir a verlos a los de tu clase de vez en cuando, como hacía Mari Carmen cuando teníamos a Rosa, porque así a nosotros se nos quitaba un poco la tristeza...». ¡Ni más ni menos!

7 marzo 1995

Yolanda trae un cuento de patos, porque dice que su padre le ha explicado que «los patos son pájaros porque vuelan». Lo miramos.

Carolina aporta unos folletos de los pájaros que hay en las comarcas cercanas a Alicante.

Ayer también trajeron cosas, pero se las llevan en un día o dos (parece que «no se fían» de que se les vayan a perder). Es curioso este «recoger lo suyo» que hacen; más adelante tendrán a honra dejarlo y ver que es útil, mirado, nombrado... Otra cosa que hacen es hablar de todo lo que van sabiendo «a la vez», del miedo, de poesías, de cuentos, de bebés... Todo lo comparan, lo «reúnen» en su mente, le dan su orden particular, como aquello de la molleja («molla grande», «lo que como en el cocido», «batidora»...).

Ayer, al hacer las vistosas palomas de cartulina y papel seda, elegía cada cual los colores que prefería, y también la manera de decorarlas. Hoy han hecho un reyezuelo (les hizo gracia el nombre de este pájaro), con la cola de papel dorado y celofán de colores. Y por la tarde, a raíz de la lectura del cuento *Ofelia y el pajarón negro*, han hecho mirlos. Se me ha ocurrido que les pusieran purpurina, intentando imitar el brillo que vimos en un palomo gris que tenemos, y han quedado preciosos.

Creo que las cosas van bien, leemos sobre pájaros, comentamos, observamos los que tenemos cerca, recogemos plumas, hacemos teatros de pájaros...; es casi un proyecto de trabajo.

Las escenas que han representado han resultado bastante divertidas, y después he visto que juegan a repetir las que más les han gustado por el patio, o en los ratos de juego libre. Aquí las pongo:

Escenas sugeridas sobre los pájaros

Escena primera:

Érase una vez un canario, que picoteaba una rosa tranquilamente, cuando, con mucho sigilo, un gato alargó la zarpa para atraparlo. Por suerte, el canario se da cuenta... y se echa a volar, con lo cual ¡se salva!

Escena segunda:

Era en el bosque de noche. Había un murcielaguito cazando insectos. Un halcón se lo quería comer, pero el búho le avisa, y se salva escondiéndose en un hueco de un árbol, que él sólo conocía.

Escena tercera:

Un águila se lanza a atacar a un ciervo para llevárselo a que se lo comieran sus polluelos, que están en el nido, allá en lo alto de la montaña. Los aguiluchos, se alegran muchísimo.

Escena cuarta:

Una paloma y un palomo se miran y se cortejan. Por fin, se besan y se juntan, y la paloma, después, pone dos huevos. Tras calentarlos, les nacen dos pichoncitos, y el padre y la madre los alimentan y les enseñan a volar.

Escena quinta:

Una bandada de gorriones va a comer a un campo lleno de manzanos, pero un día, aparece allí un gran espantapájaros, que los asusta, y les hace huir. Por suerte, encuentran moras, y no se mueren de hambre.

8 marzo 1995

Alicia ha entrado triunfante a clase con unos carteles grandes hechos por su madre, en los que hay varias clases de pájaros, con sus leyendas respectivas, que si son así o asá, que si hacen esto o lo otro.

Leemos de nuestro Libro de pájaros, sobre los nidos y sobre el modo de cortejar. Les hace mucha gracia que se miren, y se hagan los «bravos» o los presumidos para gustar, y también que canten para acompañar sus ganas de conquistar.

Les propongo utilizar los tres pájaros que han realizado para hacerles un regalo a los padres, porque se acerca el Día del padre. Les digo que es algo «secreto», y que podíamos engancharlos a unas nubes... Les gusta la idea. Cleo y Beatriz proponen decorar las nubes con lunares blancos, «como si fueran gotas de agua, o de nieve», y así lo hacemos.

Mireia me pide con voz misteriosa cuando acabo de leerles el cuento *Ofelia y el pajarón negro*, que si lo «grapo».

—¿Quieres decir que si te lo fotocopio?
—Sí, eso, para llevármelo a casa.

Realmente es una apasionada de los cuentos. Cualquier historia la cautiva. Y es muy chocante que confunda «grapar» con fotocopiar. Son dos cosas a las que ellos no acceden. No les dejo grapar, «por el peligro», les digo, pero les atrae, porque con eso se arreglan tantas cosas... Y fotocopiar es otro buen invento, ¡eso de poderte hacer en un segundo con las imágenes o las palabras que quieres!

9 marzo 1995

Hoy llegan con novedades interesantes. Carolina trae un cartel de patos y flamencos, y unos gorros «ecológicos». En ellos se ve el Peñón de Ifach, y algunas gaviotas sobre el mar. Dado que los murciélagos están siendo muy comentados desde que Néstor dijo que «no eran pájaros, porque tenían dientes...», les propongo hacer un murciélago cada uno y graparlo en las gorras. Quedan estupendamente.

Mireia aporta un vídeo sobre la fauna alicantina, que veremos mañana después de la sesión de psicomotricidad.

Alicia viene con un cuento antiguo muy bonito y adecuado, *Susana y la mesa de los pájaros*. Lo pondremos en «turno» para ser leído.

Varios traen plumas, estampas de aves...

Leemos más sobre los pájaros: cómo son las patas, los huevos, lo que les gusta comer... Busco en el diccionario lo que es un murciélago, y antes de leerlo, Juan me pregunta, asombrado: «¿este libro te lo lees todo?». Les explico lo que es un diccionario, con varias «demostraciones», y leo la definición de murciélago. Les impresiona la frase que dice que algunos comen insectos y otros chupan la sangre de animales dormidos. Octavio sugiere que «mejor nos los hacemos de amigos». Paz dice «que no se acueste nadie en el bosque de noche». Y yo, que no se preocupen que no atacan a las personas... No sé siquiera si me han oído...

Se llevan el cuento de *Ofelia*, que quería Mireia.

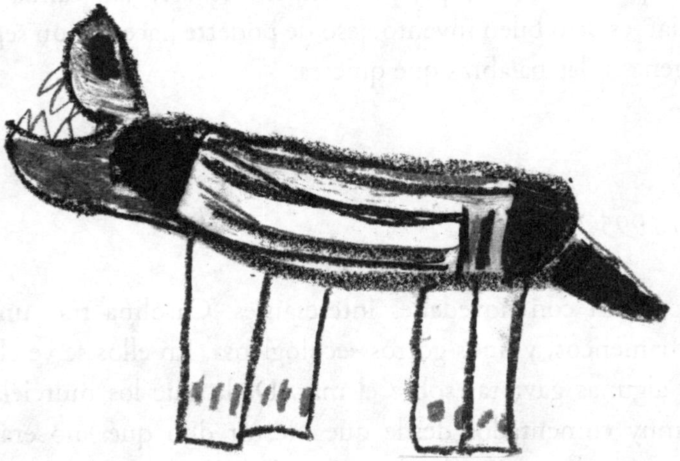

«Curra, la perra que ha mordido a mi amiga.»
- Beatriz -

OBSERVACIÓN DE LA SESIÓN DE JUEGO SIMBÓLICO (40')

Irene Yolanda Lucía Susana Margarita Beatriz	— Se ponen unas telas y dicen que vuelan.
Carmen Cleo Mireia Adela	— Se hacen unas alas de paloma con papeles y se van al patio a volar.
Caterina Mariví	—Se disfrazan, cogen dos bebés y se pasean.
Juan Jaume Octavio César	— Son águilas y se van por el patio a cazar y volar con las telas.
Néstor	— Pinta en la pizarra murciélagos.
Ángel	— Mira.
Alicia	— Mira.
Carolina Paz Conchi Mara	— Se hacen comidas.
Ana Pilar	— Juegan con biberones.

Van mezclando en sus juegos el tema de los pájaros con el de los bebés.

10 marzo 1995

Cada día va superando al anterior. A pesar de no haber envíado ningún aviso a los padres para que supieran que estamos aprendiendo cosas sobre los pájaros, los niños mismos han transmitido el mensaje. ¡Señal de que lo están viviendo con entusiasmo!

Carmen ha traído hoy un pajarito muy curioso. Al ponérselo uno en la mano, pía. Al apartarlo del contacto directo con la piel, calla. ¡Ha sido todo un éxito!

Por si fuera poco, Mireia ha venido con su cuento *Berta la pajarita*, que es uno de ésos que, al apretar un botón, suenan; y lo que se oía, era un piar de pájaro, claro está...

Han ido pasándose ambas cosas de mano en mano, sentados en círculo. Luego les he leído una especie de historia rimada sobre un espantapájaros, que ha traído Lucía, y después hemos visto el vídeo sobre la fauna.

La sesión de psicomotricidad era libre, con palos de colores. La única consigna era no hacerse daño. Han jugado a indios, a *Batman*, a *Pinocho*, a músicos, a *Los Siete enanitos*; a tantas cosas... Yo me iba metiendo en los distintos grupitos, hasta que, como siempre me han encarcelado (Conchita ha iniciado esto), y varias «mártires», me han acompañado en la desdicha, dejándose encerrar conmigo: Yolanda, Beatriz, Susana, Irene,... He visto muchos «volando» de un lado a otro de la sala.

En la excursión de hoy por el campo, Juan y César han tenido «un mal encuentro» con unos cristales verdes, que, a pesar de ser tan bonitos..., cortaban. Juan ha lanzado uno, que ha rozado a César, y le ha salido sangre. Ha habido un gran revuelo en torno al asunto porque César se ha quedado «paralizado» y, aunque lo llamaba, no venía.

Total, que en la merienda hemos hablado del «suceso», y hemos visto que:

1. Los cristales son peligrosos y no hay que cogerlos, y, menos aún, lanzarlos.
2. Que si uno se hiere, tiene que ir a «un mayor» a que lo cure.
3. Que no puede ser eso de no hacer caso, y quedarse «como una estatua», que ha hecho César.

Todo esto viene a cuento de que él está haciendo cada vez más este tipo de actuaciones de cerrazón y silencio, que son las que hace en casa, y le dan el «resultado» de que pone a los padres tan nerviosos, que le dejan salirse con la suya. Aquí ha visto que yo no actúo igual, que le he reñido, que el grupo se ha hecho cargo, y que no gustan esas «cabezonadas». Ya veremos si sirve para algo..., le es tan ajeno el que le digan que «no»...

Juan lo que estaba era apuradísimo. Cuidaba a César, le ponía el abrigo, y repetía que él no sabía que le iba a dar... Lo tranquilizo un poco y le pido que lo no repita, y ya está. Dice que «no lo hará más».

He pensado que podríamos hacer un «álbum» con ilustraciones de pájaros para recordar este trabajo que está resultando tan bonito. Le pegaremos las plumas, las estampas... Y para llevarse a casa como resumen, les fotocopiaré las cosas que más le han interesado hasta ahora, y haré una síntesis sobre el trabajo.

Hoy hemos leído sobre cómo sale un polluelo del huevo, y le he pedido a César que se colocara «dobladito como un bebé» en el suelo, tapado con una tela blanca. Según iba yo leyendo, él iba accionando: «picaba» con el pico el cascarón, se iba asomando, lo rompía más, y más... y salía por fin. Le han aplaudido. La verdad es que ha estado muy bien.

Ha venido a clase Maite, una alumna en prácticas, y varias niñas le han dicho que ellas también quieren ser maestras.

Siguen trayendo libros, recortes, músicas de pájaros..., esto viene siendo ya un proyecto en toda regla.

14 marzo 1995

Hemos hecho una asamblea esta mañana para contar «cómo es nuestro padre»; de cara a hacerle un regalo artesanal, en «su día». La asamblea ha sido divertida y «mimosa». Algunas niñas ponían cara de emocionadas, otros hablaban «como bebés». No ha faltado quien no podía separar al padre del núcleo familiar al completo y decía: «nosotros subimos a la noria» (refiriéndose al padre, a la madre, y a ellos mismos). Así se ha desarrollado:

HABLANDO DE LOS PADRES:

—¿No sabes? Yo de pequeña no quería hacer pipí en el váter, y aprendí. Entonces mi padre me compró una muñeca de pelo rizado, como yo, de lo contento que se puso. (Cleo).

—A mi papá le gusta una música que dice: «somos jóvenes ¡los dos!»... (Caterina).

—Mi padre tiene quince años y puede matar a los que me peguen a mí, porque él de pequeño era «un fiera». (Yolanda).

—Yo «zoy» del Betis y del «Zevilla» como mi papá. (Lucía).

—Mi padre se muerde las uñas cuando se pone nervioso, pero yo ya no lo hago, ahora me voy a mi cama, cojo un libro... y le paso las hojas despacito. (Octavio).

—Mi padre me pincha cuando me da besos. (Mara).

—A mi papá le gusta dormirse en el sofá, y yo a veces me duermo con él. (Marga).

—A mi padre le gustan las chucherías, pero el médico se las ha prohibido, porque tiene colesterol. (Alicia).

—Mi papá siempre está caliente y por eso me gusta tanto. (Mireia).

—Mi padre me riñe si le toco sus cosas, entonces yo no me como las pizzas que me hace. (Paz).

—Mi padre ronca mucho. (Juan).

—Mi papá, con mi mamá y yo, nos fuimos a pescar. (César).

—Nosotros subimos a la noria ayer. (Mariví).

—Mi papá es bueno, porque me gusta. (Jaume).

—A mi papá le gusta dibujarme casas. Me dice mimos. Me dice «rana». (Yolanda).

—A mí a veces me trata bien y a veces mal. Jugamos los dos a indios. (Octavio).

—Mi papá me compra globos y me los explota. (Conchi).

—Mi padre fuma y mi madre le riñe. Me coge al cuello como un saco de patatas. (Irene).

—Mi papá se ríe bastante. (Ángel).

—Mi padre es calvo y yo le estiro de los pelos. Un día me tiró por la espalda y me dio un coco. Me pega cuando me porto mal, pocas veces. (Adela).

—Cuando vea mi papá el regalo, se va a quedar boquiabierto. (Lucía).

—Mi papá me gusta. (Pilar).

—Mi papá hace lo mismo que la mamá de Pilar. (Ana).

—Mi papá me quiere, y yo lo sé, porque le gusto. (Néstor).

—Mi papá siempre me coge en brazos. (Beatriz).

—Mi padre es bueno, porque le quiero. (Carmen).

Ana ha hecho un curioso desplazamiento en su papá, adjudicándole algo que hace ella aquí, y que no sabe cómo superar. Ha dicho: «mi papá hace lo mismo que hace la mamá de Pilar». ¿De veras? —le he preguntado. Sí, —responde. Así que he tenido que aclarárselo diciéndole: «no, mira, eso te pasa a tí con Pilar, que haces lo que ella hace, pero no a tu papá. Y no te apures, que ya se te pasará esta manía».

Creo que es muy útil hablar y regalar al padre, y a la madre, para explicitar los afectos, «presentar a las familias», hablar de los papeles en el núcleo familiar... En un tiempo nos planteamos dejarlo estar, por aquello de no colaborar con la sociedad de consumo, pero analizándolo en más profundidad vimos cuánto de bueno habíamos cosechado en estos ratos de acercamiento a las figuras importantes de los afectos de los niños. Y además, los regalos siempre son tan «caseros»...

15 marzo 1995

Ayer tarde estuve en Águilas, un pueblo de Murcia, dando una charla titulada: *Contar y crear cuentos.* Está incluída en un seminario sobre *El cuento, fuente de salud mental.*

Ha sido muy interesante, muchas intervenciones, una gente muy metida en el fondo del tema...

Aprovecharé para contárselo hoy a los niños. Eso de que se llame el pueblo «Águilas», tocando, como estamos, este tema..., también es casualidad. Quedé con uno de los organizadores en que nos enviaría la leyenda del pueblo para que la lea en clase.

16 marzo 1995

Los pájaros nos rodean, nos tienen la clase invadida. Ana trajo ayer su pareja de pericos: Caruso y Amarillita, y todo el día estuvieron deleitándonos con sus saltos, sus besos, sus ruiditos... Aún siguen llegando libros, vídeos... He pensado que daremos el tema por acabado el día de la excursión al Safari, después ya será el mantener el hilo del interés, el recordar lo aprendido...

Maite, la alumna en prácticas, anota todo lo que le parece interesante, pregunta mucho y está conectando bien con los niños, me parece. Le he hecho algunos encargos:

1. Que cuando pasen los quince días que ha de estar en clase, me haga una semblanza de cada niño, a ver cómo los ha «captado». Creo que estas cosas pueden servir para su futuro profesional. Visualizar bien las diferencias, las características, es algo importante. Después le diré mi versión, y comentaremos.

2. Que haga una observación exhaustiva de algunos niños, un día por semana: de Néstor, por ver cómo se va relacionando; de Ángel , por su aislamiento frecuente; y del «trío de nueva adquisición»: Pilar, Susana y Ana, por ver qué tipo de relaciones mantienen. Cada cuarto de hora anotará lo que vea. Después analizaremos lo observado juntas.

3. Que prepare un cuento para contar.

4. Que programe las actividades de un día completo, para llevarlas a cabo «sola». Yo la observaré y le diré qué veo, o qué opino.

Me gusta que pueda aprender algo de mi experiencia, y me gusta la actitud que le veo tan positiva, tan entusiasta, tan «seria».

22 marzo 1995

Hemos estado en el Safari. Un día memorable. Han visto muchísimos animales. Los que les daban miedo, los que les enternecían, los que les hacían gracia... ¡Y los pájaros! ¡Qué gritos daban al ver los guacamayos, los loros, las cotorras, los pavos reales, los flamencos...! Recogían plumas del suelo, los imitaban, preguntaban sus nombres. Mara aclaró en voz muy alta que «ésos no tenían pilas».

Se portaron la mar de bien Caterina se negó a hacer pis en el váter, «porque su madre no la dejaba sentarse en los váteres que no conociera»... (Nos tocó limpiarlo con papel mojado y secarlo...)

Al volver por la tarde a la escuela, teníamos una sorpresa final: una carta muy grande de Águilas que traía un buen montón de fotocopias de águilas y una leyenda sobre el nombre del pueblo, contada por nuestro nuevo amigo Lorenzo. La adjuntaré al librito que se llevarán a sus casas mañana.

César ha estado repitiendo: «soy un leopardo, soy un leopardo...», y a mí se me ha ocurrido preguntarles uno a uno: «si fueras un animal, ¿cuál te gustaría ser?» Las respuestas han sido muy significativas.

SI YO FUERA UN ANIMAL, ME GUSTARIA SER...

César: —Leopardo (lo dice rugiendo envalentonado, le ha entusiasmado uno que ha visto en el Safari).
Cleo: —Tigre (qué fuerte se siente).
Octavio: —León (busca siempre identificaciones de fuerza...).
Juan: —León (como su amigo).
Carolina: —Gata (exactamente así, una gata mimosa de ojos grandes).
Jaume: —León (como los de su patrulla).
Paz: —Paloma (siempre está mirando las palomas del palomar).
M.C.: —Mariposa (me «tocó» a mí hablar, y eso provocó un contagio cariñoso en varias niñas).
Mireia: —Mariposa.
Adela: —Mariposa.
Irene: —Oveja.
Marga: —Mariposa.
Carmen: —Mariposa.
Mariví: —Leona (su deseo va por ahí, aunque ella es muy pacífica).
Ángel: —Búho (tiene los ojos enormes, le va genial).
Pilar: —Elefante (es diminuta, otro deseo en danza...).
Susana: —Conejo (sí, sus ojos tan vivos y su actitud huidiza...).

Ana:	—Bambi (le entusiasma esa película).
Néstor:	—Tigre (suele identificarse con personajes de fuerza).
Conchi:	—Pájaro (¡qué bién le va! Es tan ágil, tan rápida de movimientos, tan «volandera»).
Yolanda:	—Paloma (como su amiga Paz).
Lucía:	—Leona (hace ver cómo se siente de poderosa).
Mara:	—Pájaro (también le va muy bien, es menuda y ligera).

23 marzo 1995

He confeccionado el libro-resumen con lo que «hemos» aprendido sobre los pájaros, y se lo han llevado a casa para que se lo lean sus padres, para recordar lo que han aprendido, para disfrutar de sus ilustraciones preferidas, de las poesías «de pájaros» que les he ido leyendo antes de merendar:

Pajarito moreno
pico redondo
pluma de seda
¿Cómo es que ya te fijas en la arboleda?

Pajarito moreno
pico enredado
pluma de oro
¿Cómo es que ya te inventas poesías de moros?

Pajarito moreno
pico de amigo
pluma de lana
¿Cómo es que te enamora la luna blanca?

***

Pobrecito
luna y oro
tan solito.

Jilguerito
cristalito
gota, miga, beso
para mi niñito.

Pobrecito
luna y oro
tan solito.

***

Grave y bruna tu risa
tu voz, tu habla
pero con pintas vivas
pintas firmes y sabias.

Quieres saberlo todo
con premura, con ansia
quieres saberlo todo
y lo escarbas, lo escarbas.

Ay, pajarillo inquieto
ay, urraca de plata
ay, golondrina errante
¡súbete al alba!

***

Golondrina morena
golondrinita
dulces soplos de aliento
por tu boquita.
Ay, golondrina, morena y fina.

23 marzo 1995

Vamos a dedicarnos ahora a hacerles unos cuadros de regalo a los abuelos, porque el viernes será «su día». Vendrán a la escuela, les cantaremos, les invitaremos... y les pediremos algún cuento de tiempos pasados, para poderlos leer después en clase.

27 marzo 1995

Qué bonito ha estado hoy el rato de escuchar un fragmento de la ópera *El ruiseñor.*

Primero Maite ha contado brevemente la historia, después lo hemos escuchado dos veces y, por último, se ha representado. Ángel era el emperador, Octavio el mayordomo, Yolanda la cocinera, Mireia la rana y Margarita la vaca. Hemos aplaudido al acabar. Realmente me ha gustado. Como siempre, la música impone su belleza y nos cautiva a todos.

Por la tarde he tenido entrevista con la madre de Ana. Le he comentado sus avances: habla un poco más de sus cosas y pone más entusiasmo y atención en el trabajo... También le he comentado sus dificultades en cuanto al movimiento, le cuesta levantarse, andar rápido, guardar el equilibrio... y, por supuesto, saltar, correr... Hemos quedado en que intentarían ver los medios para que ejercite más su cuerpo, porque de verdad lo necesita. Entre los pies planos, los tobillos «valvos», la alergia, el peso..., motivos tiene, pero creo que habría que procurar que mejorara.

Le he hablado también de la relación que mantiene con Pilar, y que ha pasado de ser algo «idílico», algo que las sacaba a ambas de su soledad..., y las llevaba a iniciar su socialización, a convertirse en un «tira y afloja» constante, en una relación de discusiones y forcejeos, en la que ni una ni otra sale beneficiada.

Hemos comentado mis dudas sobre si separarlas en los ratos de trabajo, aunque no en los de juego libre, ni en el patio; y me cuenta que en casa se queja de Pilar (que le tira arena, que no la deja ir con ella...).

Hemos acordado ayudarlas a ir terminando o arreglando esa relación tan agotadora. Se lo explicaremos, la madre en casa, y yo mañana en clase. El grupo lo oirá y, así, colaborará de alguna manera, espero.

Hoy, antes de la entrevista, les he pregundado: «¿y qué le digo a la madre de Ana?». Juan ha respondido: «dile que siempre está con Pilar».

Ellos saben.

28 marzo 1995

Como he visto el interés que les ha suscitado el cuento del *Tragaldabas*, les he propuesto representarlo, y lo hemos hecho en tres «tandas», a cuál más lograda.

Creo que este cuento en el que se tocan «los lugares» de cada cual en el núcleo familiar, es muy movilizador. No es la primera vez que lo observo, otros años también lo había visto. Cleo estaba contentísima porque era «la mediana», y ese sitio, en general tan «desasistido», aquí se le ha convertido en lugar de protagonismo al no haber ningún otro mediano en la clase. Los que eran los «mayores» estaban orgullosos de ello, menos Jaume. Los «pequeños» no tanto; por ejemplo, Caterina y Carmen protestaban aludiendo a su tamaño, y a que ya tenían cuatro años... Los que eran hijos únicos se han diferenciado en dos grupos: los «solos» y los que ya esperan un hermano y, en cuanto nazca, pasarán a un nivel superior de «mayores de la casa».

Todo un derroche de «trabajo afectivo» a raíz de un cuento, en apariencia normal y corriente. Durante el día han estado cantándose unos a otros, y a mí, la cancioncilla de la historia:

Mayor por mayor
no vengas acá
que soy el Tragaldabas
y te voy a tragar.

Sólo que sustituyendo «mayor» por los nombres que querían. Así:

Susana por Susana
no vengas acá
que soy el Tragaldabas
y te voy a tragar.

29 marzo 1995

Ayer y hoy han traído cosas para el álbum o Libro de los pájaros. Está gordísimo ya, y acabamos de empezarlo. Veo que algunos traen mucho y lo ofrecen sin esfuerzo, con verdadero gusto, y otros se llevan enseguida la más mínima aportación: una pluma, un papel con un pájaro recortado... Según es cada uno, según su capacidad más o menos preparada para compartir, según la actitud de las familias...

Creo que escribiré un artículo contando los pormenores de este proyecto de trabajo, me ha gustado bastante.

30 marzo 1995

Hemos estado ensayando el baile del «ñitos» para actuar mañana, que es el Día de los abuelos. Les sale muy bien. Con Octavio cayéndose hacia atrás, Ana sin alternar los pies en los saltitos, Ángel prácticamente parado... Estupendamente. A su manera.

Nada más llegar, ha venido Adela con la noticia de que ha nacido Victoria. Gran aplauso, preguntas y enhorabuenas. Alguien le ha preguntado si tenía pelo: «un poco, —ha contestado—. Y también las uñas muy largas, que me lo ha contado la mamá por teléfono» —añade.

«¿Y por dónde ha salido, por la vulva, o por la barriga?». «No sé aún».

Le han hecho un dibujo cada uno y, con todos ellos, un librito: «de recuerdo». Quejas de Lucía de que a ella no se lo hicimos. Explicación mía de que cuando vino a los «Pingüinos» su hermana ya había nacido, y eso siempre lo hacemos el mismo día que nacen. También le hemos hecho un muralito con un chupete, una pastilla de jabón y unos lazos. Mireia le ha dibujado dos niñas, una de color violeta, muy chiquitita, y otra de blanco, grande y hermosa, que es Adela. En el cartel reza: «¡NOTICIA!: ha nacido Victoria, la hermana de Adela». Presidirá la clase un tiempo, y luego irá a la Galería de recién nacidos, junto a los carteles de Jaume y de Mara. Aquí todo se hace ritualmente; y esa repetición da calma, seguridad, sentimiento de ser un grupo.

Curiosamente, al dibujar a Adela y a su bebé, a Conchita «se le ha olvidado el pequeño». A su madre le quedan sólo unos días para tener «el hermano»...

Me dicen que Néstor mordió a Conchita ayer en el autobús. Al preguntarle la cuidadora por qué lo había hecho, contestó: «porque me apetecía morder». Cuento ante el grupo lo ocurrido y le pregunto de nuevo. Se reafirma en la contestación. Le decimos entre todos que eso no puede ser, y Juan le sugiere que muerda su abrigo. Caterina le propone «que coma algo». En fin, se toma conciencia del asunto. Ya veremos cómo va a ir manejando su agresividad. No sabe aún hasta dónde puede llegar.

31 marzo 1995

El Día de los abuelos ha transcurrido tranquilo, feliz, como otras veces. (¡Ya hace once años que lo celebramos...!) Quizás menos «impactante», con menos emociones, con mucha normalidad. Ellos han seguido todas nuestras indicaciones. Los niños también. Nosotros hemos estado «a la escucha», disponibles para sus charlas, para ofrecer una silla, echar una mano, o atender a un recuerdo... Bien. Han salido a actuar mucho menos que otros años. Dos poesías y unas sevillanas —con castañuelas—. Bueno, eso, y la presentación de la abuela de Lucía, muy agradable y espontánea. En cuanto a las actuaciones de los niños, han sido preciosas.

Algunos abuelos alababan la idea de este día. Otros la comida. O lo bien que estaban los nietos. O lo bonita que estaba la escuela.

Hemos hecho una valoración «a vuela pluma», y hemos visto que ha ido muy bien, salvo que al diversificar nuestra demanda en cuentos escritos para leerlos en las clases, y actuaciones variadas, ha habido algo de desconcierto y su respuesta no ha sido tan masiva como en otras ocasiones, por ejemplo cuando les pedimos un baile, o un recuerdo escolar. Unos cuantos cuentos escritos, y muy poca participación en las actuaciones.. Será cuestión de pedir una sola cosa y clara.

Lo que sí se ha dado, como siempre, es ese particular ambiente de emoción, de cuidado mutuo, de respeto, de recíproca admiración.

Es un día muy especial para los abuelos, de nuevo son «protagonistas», de nuevo están a cargo de «su» niño directamente, sin intermediarios... Y lo agradecen.

3 abril 1995

Ayer nació Ramón, el hermano de Conchita. La dibujan con él (bien pequeñito); le regalamos los dibujos, les hacemos un buen cartel en clase con la noticia. Ella está rara. Callada. Nerviosa.

4 abril 1995

Los «Pingüinos» están trabajando bastante de un tiempo a aquí, y en todos los sentidos. En las representaciones han mejorado mucho, salvo Ángel. El otro día él mismo verbalizó su desinterés por lo escolar, diciendo: «yo voto que no, porque no quiero saber nada de estas cosas». Algo le pasa. Lo observaré más y hablaré con sus padres.

Conchita ha entrado a clase contentísima: «¡lo he visto!, ¡lo he visto!, ¡tiene pelo!»...

Hoy he concretado con Cinta Vidal, de la revista *Aula de Innovación Educativa*, el trabajo que le envié para el suplemento de la publicación de mayo. Quedará bien. Se trata de una unidad didáctica, bloque temático o como se le quiera llamar, con sus actividades, sus objetivos, modo de realizarla, bibliografía, etc. La titulé «Tenemos un tesoro en clase», y con ella he constatado cuánto me cuesta transmitir detalladamente lo que hago en clase. No sé por qué se me pide tanta minuciosidad cuando, en la práctica, cada cual ha de adaptar cualquier propuesta a su estilo y a su realidad.

5 abril 1995

En clase, hoy ha habido acontecimientos. La madre de Mireia está embarazada, y la niña nos lo ha explicado exhaustivamente. Que si la prueba no salía, que si luego ya salió, que si estamos muy contentos, que si aún no se le nota nada, pero que está embarazada de verdad.

A continuación de su gran noticia, propongo hacer un dibujo libre y, salvo Ángel, todos pintan a la madre de Mireia con su bebé dentro...

Hay también otro aviso por la mañana, y es que los padres de Jaume vendrán a «presentar en sociedad» a Montse, su hermanita. Hemos quedado a las cuatro en punto, y, en efecto, allí estaban los tres a la hora acordada. Teníamos la clase preparada «para la visita», presidida por tres sillas (grande, mediana y pequeña) y un «tentetieso» de Mara, en el lugar donde se pondrá el cochecito con la nena.

En medio de un gran silencio, entran y se colocan en sus sitios (Jaume les guía). Les doy la bienvenida de parte de todos, y van acercándose uno a uno a ver a Montse. Después vienen las preguntas de rigor: que si se mea, que si llora, que por dónde salió, que si pega...

Y por último, se pone cada cual a comentar cosas de ellos mismos cuando eran bebés, y entre eso, y el nerviosismo de Jaume, que no paraba de moverse y de dar saltos..., decidimos dar por terminada la sesión, no sin antes preguntar si querían volver a ver a la nena para despedirse... Acuden todos y le ponen la mano en la barriguita (porque la cara no se la dejábamos tocar para no agobiarla)..., y así se están un rato, en esa imposición casi ritual de manos, que acaba en un llanto que se veía venir... Un momento muy entrañable y muy emocionante.

Minutos antes de que llegaran, y viendo que el asunto «bebés» gana terreno día tras día, les propongo aprender cosas de los recien nacidos, y hablar de cuando ellos eran pequeñitos. Votan todos que sí, menos cuatro: Cleo (¿estará harta de un tema que no le da mucho protagonismo?, es la mediana de tres chicas), Paz (no tiene bebé, es la pequeña de cuatro) y Néstor (es hijo único).

Como «la mayoría gana», les doy una misiva, que ya tenía preparada, en la que hay una explicación a los padres del planteamiento del tema, y unas demandas concretas: encuesta, fotos...

Amigos:

Como sabéis, el tema central de este curso está siendo los embarazos, nacimientos, bebés «en alza», etc., etc. Y, de paso, los lugares de cada uno en la familia, el modo particular de crecer y de aguantar o no lo que se va presentando.

Creo que cuando volvamos de vacaciones de Pascua, si no cambian las cosas, entraremos a tocar el tema de «bebés» a fondo y para ello necesitaré de vuestra ayuda.

Por una parte, será bueno que repaséis los álbumes de fotos de cuando ellos eran bebés, que se comparen con vosotros —de niños—, con sus hermanos... Contadles sus hazañas, sus trastadas..., su historia. Escoged juntos una o dos fotos, y algún gorrito, peúco, jesey, o... lo que sea de «aquella época», para traerlo a clase. Y contestad a esta pequeña encuesta que os adjunto.

Seguro que a todos les gusta rememorar sus cosas, para sentirse protagonistas de nuevo, y para poder ir «encajando» las novedades que bien pronto harán sus bebés (o los de sus compañeros).

Así quedamos, pues: nada más volver de vacaciones, un «nuevo» proyecto de trabajo: «Los bebés».

un saludo.

P.D. Una de las cosas que he pensado que podríamos hacer es una «reunión» de bebés y madres embarazadas. Será una tarde, de tres a cuatro, ya os avisaré. Lo comento porque algunas «gacetas rápidas» ya lo han dicho en casa, y algunos padres me lo han preguntado.

ENCUESTA

1.— ¿Cómo era vuestro hijo/a de bebé?
2.— ¿Qué cosas le gustaban más?
3.— ¿Qué cosas le gustaban menos?
4.— Alguna trastada que hizo.
5.— ¿Tenía alguna canción preferida?

6 abril 1995

Los padres de Adela me han enviado una cartita de agradecimiento:

Mari Carmen:

Hoy es el cumpleaños de Adela, lleva 25 regalitos para sus compañeros, espero que sean suficientes para todos y que haya también uno para ponerlo en clase.

Y muchísimas, muchísimas gracias por contribuir con tu trabajo a hacer que el nacimiento de Victoria haya sido para Adela algo maravilloso, aunque difícil, pero dentro de lo más «normal posible».

Gracias de corazón. Un abrazo. Patri,

Y la madre de Mireia, verbalmente, también me ha dicho que «gracias por todo». ¡Qué día de «recoger»...!

Hoy los talleres los ha preparado Maite:

— Uno de pintura azul y amarilla.
— Otro de «puntería».
— De mariposas o arañas con bolas de papel seda.
— De construcciones.
— De mirar un libro de pájaros que trajo Mireia.

Luego hemos celebrado el cumpleaños de Adela.

Pasan tantas y tantas cosas en un solo día que me parece imposible poderlas ver, recoger, analizar... Y seguramente es mejor así. Hay que reconocer las propias limitaciones. Hay que saber que no se sabe todo, ni se puede todo, ni se llega a todo.

Hoy, en un segundo, he visto un gesto de Lucía que me ha hecho pensar en los mil y un gestos más que veré, o no veré, pero que pasan. Ella ha ido a recoger a Adela de la clase vecina, en la que esperaba a que se le preparara su fiesta de cumpleaños. Lo «reglamentado», es decir: el «ritual» que yo propuse en el primer cumpleaños y ellos completaron poco a poco con sus aportaciones, incluye que el que va a recoger al que cumple años, le lleva una coronita de plata (prestada por Cleo a tal fin...) para que luzca mejor.

Pues bien, Lucía traía de la mano a Adela, pero sin la corona, que retenía ella escondida a su espalda. Al darme cuenta le he dicho rápidamente: «¡dale la corona y no seas tan fresca!», —o algo parecido—, mientras las hacía entrar a clase entre los sones de «cumpleaños feliz»..., y como si nada pasara...

10 abril 1995

Hemos llegado a la escuela y habían entrado a robar. Menudo berrinche. Se han llevado el vídeo, varios magnetófonos, una guitarra, y otras cosas más. La sensación de impotencia es grande, sin embargo hemos acordado no traslucir el disgusto en la medida de lo posible. Hoy en las aulas se elaboran «las monas de Pascua» (dulce típico de por aquí), y no es cuestión de estropearles la fiesta... Qué día más difícil. Gracias a que estas cosas no pasan muchas veces, porque no me gusta nada «disimular». La tensión se nota, queramos o no, y lo mejor es hablar de lo que pasa. En fin...

11 abril 1995

Hoy han traído «las monas» del horno y los niños se las han llevado a casa para que toda la familia celebre la hazaña de lo bien que las han hecho... y las prueben, claro.

Mañana se llevarán los libros de trabajo del segundo trimestre. Están abultados y completísimos, ha sido un trimestre muy largo, y han trabajado bastante. He visto cosas muy interesantes al ir archivando los trabajos: la evolución de cada uno de ellos, el gusto por mejorar sus productos gráficos, los detalles que van saliendo a relucir (pestañas, tacones...), el intento de simbolización de las posturas y los movimientos... También se ven las diferencias entre ellos: Mireia va siempre tan despacio que tiene la mitad de trabajos de plástica, hechos en sesiones de taller, que Yolanda.

Unos con trazos tenues, otros a todo color. Unos sin adorno alguno, otros con profusión de grafías y estrellitas decorativas.

Variados y muy ricos. He tomado nota de lo que no puedo memorizar, de cómo va cada cual, de las grafías que ya dominan, y de las que no, de los temas que pintan, de sus preferencias en cuanto a técnicas, a colores, a estilos...

Después los veremos «en comisión» de dos (este curso Cari y yo), para analizarlos en su conjunto y ver si siguen la línea de la escuela, si son creativos o tienden al estereotipo, si aparecen reflejadas las actividades realizadas en clase: los talleres, los proyectos, las excursiones, las fiestas, los teatros..

Desde que hacemos de dos en dos esta tarea de evaluación trimestral, y la comentamos luego en el grupo, nos vemos mejor los fallos, nos damos ideas unos a otros, nos preguntamos los porqués, nos decimos lo que pensamos: que si tienes poco trabajada la poesía, o la pintura, o las grafías..., que si sería mejor hacer trabajos «en relieve» (volumen) en los que intervengan más sentidos, o incluyendo materiales de desecho, o...

Estos tres últimos días antes de las vacaciones de Pascua no he querido hacer lo que venía llamando, medio en broma, «la prueba». Se trataba de una pequeña realización de cada niño, de muy variada índole; y la hacían como «condición», o «paso» para ir al recreo de después de la comida. Unos días era cantar una canción, otros hacer una rima («si quieres pasar, una poesía tendrás que inventar»), o recorrer un circuito, o decirme tres palabras que empiecen por..., etc. Venía a ser como una «prenda» del juego ése de toda la vida. Total, que lo pasábamos todos muy bien. Ellos como actores-espectadores, yo como un entretenimiento y una manera de conocer mejor a los niños y niñas que no eran de mi clase... Y lo han echado de menos, y me venían persiguiendo a ver por qué no había «prueba», incluso algunos se organizaban inventando pruebas para los amigos... Me ha gustado ver cómo reciben de activos y entusiastas cualquier cosa.

A raíz del curso que estamos dando, *El piso de abajo*, estoy muy «elucubradora» (más que de costumbre, quiero decir). Una de las cuestiones que surgieron el primer día me ha dado qué pensar. El hecho fue un «comentario-queja-demanda» que lanzó una de las maestras asistentes, acerca de la agresividad que veía en los niños y niñas de su clase. Le parecía excesiva, mayor que en cursos anteriores;

le parecía «peligrosa» y pesada de «llevar» o, más bien, de erradicar. Le contestamos, pero le aclaramos que esto se iría viendo poco a poco, y entre todos.

Pues bien, en el viaje de regreso ya íbamos dándole vueltas al asunto. A mí, cuando me pasa algo así, suelo hacer el difícil intento de «salirme de la situación» para objetivar mejor lo que está pasando. O bien con un papel delante, o bien observando a los niños en el juego libre, o, sencillamente, pensando. Las veces que lo consigo, la verdad es que me va muy bien. Me doy cuenta de quién o quiénes focalizan más el conflicto (sea la timidez, la agresividad, la incomunicación...), de quiénes le/les siguen..., pienso en qué les puede estar pasando, me acerco a su situación personal, o con la presencia, con la contención, o entrevistándome con los padres... Y estos movimientos, junto con la distancia nueva que me impongo al «salir a mirar al grupo», hacen que mi actitud también se relaje, y pueda emprender más activamente y con mayor creatividad los cambios convenientes.

Recuerdo en una ocasión haber hecho esta «objetivación» con una compañera que estaba agobiada por el «lío» que había en su clase de tres años. Y nada más plantearse, contar qué pasaba e intentar salir de la problemática, lo pudo hacer y, enseguida, casi, casi corriendo, se lanzó a decir: «es que tal, tal y tal inician juegos de peleas, y se les añaden todos los chicos; las chicas se alteran y gritan; y siempre hay alguien que llora o me pide ayuda; y yo me pongo nerviosa... Y les riño, y estamos todos alteradísimos. Después noto que no me hacen caso, se saltan las normas, están muy tercos..., y esto no se acaba nunca».

Lo principal estaba hecho, que era ver lo que estaba pasando (para hacérmelo ver a mí, y a ella misma, claro), y luego ya, lo sencillo fue pensar en algunas medidas que ayudaran a calmar la situación:

— Hablar con los niños de lo que estaba ocurriendo.
— Pedirles que por un poco de tiempo dejaran el juego de peleas, aunque fuera divertido, y diciéndoles que más adelante lo reemprenderían.
— Hacer actividades libres, sin exigencias de precisión (en psicomotricidad, en los tallleres..., pintando, modelando...).
— Cantar y bailar juntos.

— Hablar un rato cada día, aunque sea corto.
— Darle tiempo al juego y a escuchar un cuento diariamente.
— Y mantener firmes las normas.

Las cosas mejoraron muchísimo, y es que no hay como permitirse el lujo de reconocer una dificultad, cogerla y mirarla a la cara, y si puede ser con otro, aún mejor.

Hay veces en que me pongo a preguntar desaforadamente a los otros compañeros, o a personas ajenas a la profesión, para recabar datos, para recoger perspectivas. Así me pasó con el tema de los valores, que empecé a preguntarle a todo el que se me ponía a tiro: «oye, para tí, ¿qué valores son realmente importantes?» Y poco a poco, me hice una composición de lugar, y pude discriminar los que eran para mí importantes de veras.

Otra manera útil de seguir el hilo a un tema es apurar la idea hasta el extremo, y, luego, ir viendo con lo que te encuentras. En el tema de la sexualidad me ocurrió así, y me gustó llegar por un camino estrecho, que era ese miedo de los mayores a la claridad de los niños para hablar y jugar con estas cosas, hasta una idea un poquito más ancha, que fue la comparación entre los aires de la Reforma, y la sexualidad.

Las buenas fuentes pedagógicas y la Reforma (su representante en los papeles) hablan de:

— Aprendizaje significativo.
— Partir de las acciones de los niños.
— Utilizar objetos reales.
— Hacer intervenir cuantos más sentidos, mejor.
— Aventurar hipótesis, comparar, comprobar, preguntar.
— Tener una actitud curiosa, abierta, audaz, ante el aprendizaje.
— Sacar conclusiones, compartir los conocimientos adquiridos...

Pero si aplicamos estos principios generales a la actitud ante las manifestaciones de la sexualidad en los niños, ¿qué ocurre? Sustos, aspavientos y demás negativas. No deja de ser curioso. ″

He estado leyendo varios libros estas vacaciones:

El florido pensil, de Andrés Sopeña.
A los tres años se investiga, de Francesco Tonucci.
Con voz de maestro, de J. Cela y J. Palou.
Espacios para tí, para mí y para otros, de B. Trueba y Paloma de Pablo.
Entre pares i fills, de Carme Thió de Pol.
Las palabras andantes, de E. Galeano.

Hay amigos que se extrañan de que pueda leer con placer estos textos en mi tiempo libre. «¡El trabajo te acapara, te invade...!», me dicen.

Y la verdad es que no es así, o no lo siento así, al menos. Me gustan estos libros, me gusta leerlos, y no me veo por ello agobiada, ni conectada en exceso a mi trabajo diario. Es... otra cosa. Como una reflexión de otros, de los que me interesa aprender. Como un gusto... No, no me pesa. Quién sabe por qué largo proceso he llegado a este punto en el que disfruto con las cosas que me dan de comer. Comida para el cuerpo. Y comida para el alma. Algo así.

25 abril 1995

¡Esto sí que ha sido una entrada a clase! Con los saludos, un extender de manos cargadas de mil cosas: una foto de Carmen subida a un dromedario, vestiditos de bebé, zapatillas, peines, chupetes... y hasta un traje de huertana de Caterina de cuando tenía seis meses. Varios (siete, creo) con su encuesta contestada y sus fotos de cuando eran bebés... Alicia que ha vuelto de Alemania... Bueno un jaleo imponente.

Por fin nos hemos sentado: ¡estábamos todos! Nada más contarse, se han puesto a aplaudir. «Los pelados» más recientes, que eran cinco, han reivindicado su momento, y han salido a escuchar el tradicional *Oye, peladito, date la vuelta*... He puesto en pictogramas lo que tocaba hoy, y hemos empezado viendo la clase, ambientada con un mural para sus fotos con el título: «Antes todos éramos bebés..., ahora ya no». En la puerta, un gran biberón también rezaba el mismo título. Recortes de revistas sobre el tema ilustraban dos rincones más de la clase. En el sitio de las poesías había un muralito vacío para rellenar con las que encontremos y hagamos sobre todo esto. Y encima del espejo, un papel para anotar las propuestas o «ideas» que entre todos pensemos. ¡Ah!, también hay una mesa con dos o tres catálogos de cosas de bebés, unos cuantos biberones de juguete y una cuna.

Voy leyendo con ceremonia y bromas sus encuestas, y enseñando las fotos, que seguidamente coloco en el mural: «BEBÉ ANA», «BEBÉ CLEO», etc.

Como no perdonan la asamblea para hablar de las vacaciones, (todos quieren contar algo)..., la hacemos, y a las once menos cuarto —desde las nueve y media—, sudorosos y cansados, damos por acabada esta primera sesión de reencuentro.

Después del patio, van dictándome sus propuestas (tres folios llenos) y sus poemas para los bebés. Y por la tarde hacemos un babero tamaño natural, que se llevarán hoy puesto para poder «engañar» a los padres al llegar. Antes de merendar, varias niñas «se han embarazado» con muñecos, y al rato eran ya todas las que iban rellenas, y se han ido, orgullosas, a que las vieran los de las demás clases.

Otra cosa buena de hoy ha sido una llamada telefónica del padre de una alumna del año pasado. Llamaba para una gestión administrativa, y me ha preguntado cómo había ido el primer día de trabajo. No sé que le habré dicho exactamente, el caso es que me ha contestado que envidiaba la ilusión por el trabajo que se nos veía a todos en esta escuela.

26 abril 1995

Han llegado otras cuatro encuestas, más fotos y ropita de bebé, que he colgado con pinzas en los hilos. ¡Aquello parece una tienda! Hemos charlado un rato de la romería de la Santa Faz, han hecho un dibujo libre y después han ido al patio.

Esta tarde en los talleres nos hemos reído bastante, porque había uno en el que cabían seis niños, que se daban papilla y biberón, dos a dos.

Unos eran padres o madres, y otros bebés, y luego cambiaban los papeles. César hacía de bebé muy bien, pero cuando le tocaba ser padre, lanzaba al bebé la comida rivalizando con él en trapisondas. Ha jugado con Jaume, con Carmen y con Mara, y lo ha pasado estupendamente. Jaume también ha estado ahí bastante tiempo.

En otro taller se hacían cunas y bebés de plastilina; en otro, un bebé recortado y una camisetita para ponerle. Sigue el buen ritmo.

3 mayo 1995

No he escrito estos días atrás porque acababa por las tardes saturada de palabras, de imágenes, de trabajos... No han dejado de traer fotos, ropa, libros de bebés, las encuestas... Y la clase otra vez se arremolina en torno a un eje con sus preguntas, sus comentarios y sus propuestas: el «escabroso» asunto del cordón umbilical (que a este grupo, le causa... impresión) y el estribillo de: «y por dónde salen» lo cual me demuestra una vez más que cada cual escucha lo que quiere, puede, o necesita, porque lo hemos hablado infinidad de veces ya, y siempre hay alguien que «no lo había oído»...

No es la primera vez que me pasa que «metida» en la emoción de un trabajo tan vívido, tan intenso, tan acaparador..., pierda las ganas de detallarlo por escrito. Bastante es que se lo voy pregonando a todo el mundo que me viene a mano: compañeros, padres..., y demás familia. Así que, en previsión, esta vez he organizado unos gráficos muy a la vista, en los que anoto las canciones, las poesías, los cuentos, las propuestas... También he hecho fotos de la clase, he guardado un modelo de cada actividad de plástica que hacemos: un biberón, un bebé, una camisetita, unos peúcos... Por lo menos así, no se me olvidarán los pormenores del proyecto.

Dos cosas curiosas:

Enseñando una nana en valenciano (*Mareta*), Ángel se entretiene con Carolina, que lo acuna y lo mima. Le pregunto que qué le pasa, y me dice que nada.

—¿Es que quieres ser un bebé? —le digo—, ¡y contesta que sí! Así que Encarna le acuna y le cantamos la nana «dedicándosela». Al terminar ni se mueve, y se la volvemos a cantar. Así hasta tres veces. Muy significativo.

Lucía se dibuja dos veces y me dice: «ésta soy yo, y ésta también soy yo». «¿Cómo?, ¿es que tú vales por dos?» le digo. Y contesta, muy segura, que sí.

Un rato antes me había dicho: «mírame, mírame». «¿Y por qué te tengo que mirar tanto?», pregunto. «Pues... —contesta—, porque soy yo».

4 mayo 1995

A las tres en punto ya estaban la mitad de los invitados a «la visita» en la puerta. Con los bebés planchados y almidonados, con las caras de satisfacción. Vamos, que muy bien predispuestos. Esperamos un poco y entramos a clase. Ya estaban todos sentados y en silencio (bien aleccionados para que no gritaran, porque los niños pequeños se asustan de los ruidos...). Hay una pausa en la que todos nos miramos en silencio, y un tanto emocionados. La rompen Luisa y Darío que, al ver a sus respectivos hermanos, se lanzan a abrazarlos danto grititos.

Disfrutados los primeros instantes, les pregunto a los niños si hacemos lo que habíamos acordado, y dicen que sí; y pasamos a cantarles a los bebés con voz muy bajita dos nanas: *Sí, sí, a dormir*, y *Duerme, duerme, negrito*.

Mientras lo hacemos, entran dos rezagados, y luego tres más (ahora sí que ya estamos todos).

Les leo después los dos trocitos de Tagore que tanto les gustan, y, aunque intento abreviarlos, no me dejan, y tengo que leerlos «bien» (así lo dice César en tono protestón). Margarita pregunta por enésima vez que por dónde nacen los bebés, y es contestada por la madre de Mireia y por la de Lucía, que les explican «los dos caminos».

Luego Beatriz, se interesa por el cordón y dice que si es «una pilila», y que cómo lo cortan... Ahí la madre de Adela es la que explica los pormenores.

Y por último le doy la palabra a Paz, pero no la quiere tomar; así que pregunto por ella si es posible que su hermano Pau de seis años y ella estuvieran juntos en la barriga de su mamá. Nadie se anima a contestarle. Sólo le dicen que no con la cabeza, y, en eso, Carolina pregunta que «cómo maman». La madre de Adela se lo dice, y Juan acaba lo de las preguntas con una semiafirmación: «¡verdad que los bebés tienen muchos vestidos, y faldas...?».

Enseñamos entonces un pañal de los que ellos han traído, y que formaba parte de la abundante colada (tres hilos formando un gran triángulo de lo alto de la clase)..., y resulta que... ¡tenía una caca de mentira dentro! Cleo dijo ayer que la traería para hacerles una broma a los que vinieran. Y, efectivamente, se han reído bastante.

En ese momento hemos pasado ya a las presentaciones. Cada madre o padre contaba lo que hacía su bebé, decía su nombre, y lo enseñaba a todos y cada uno de los asistentes (con derecho a cogerlos en los brazos si no eran demasiado pequeños). Ahí la madre de Mara ha dicho que Luis era muy tragón, y que siempre llevaba una mantita para tocarla, o se ponía nervioso. La de Jaume, que Montse ya sabía reírse. El padre de Mariví, que Darío bailaba y le tiraba del pelo a su hermana. La de Adela, que Victoria sólo sabía mamar y dormir. La de Pilar que Elvira gateaba sin parar. La de Mireia, que a ella apenas se le nota la barriga aún.

Aprovechando la «coyuntura» le he preguntado que entonces qué tenía ahí en la barriga, y ha dicho que un bebé muy diminuto, que se había hecho con la semilla del papá de Mireia y la suya juntas.

A continuación la madre de César, que está a un mes del final del embarazo ha hablado de las patadas que le da el bebé y de lo mucho que le gusta que su hermano le cante desde afuera. Se llamará Luz.

La última ha sido Ceci, que venía «sin mamá», porque ya había crecido, y no era un bebé. «Ya tenía dos años, iba a los *Conillets* y era muy lista». Cleo, su hermana, estaba seria a su lado, algo extrañada. Creo que no ha disfrutado demasiado del momento, su bebé no era ya bebé, y ella no parecía sentirse igual de protagonista que los demás...

Hemos puesto música para que bailaran los bebés, pero no han querido, así que hemos dado rienda suelta al personal, que se han lanzado a tocar bebés, a darles juguetes, «sin peligro» («los peligrosos» los habíamos recogido esta mañana)...

En el último rato ha llegado el bebé de Conchita, Ramón, cosa que la ha alegrado mucho. Se ha tomado aquí su biberón. Ha habido dos que se han hecho caca, y los han tenido que cambiar (en la clase de los «Conillets»).

En fin, que ha pasado casi de todo... Para mí, un buen encuentro, tanto con los mayores, como con los pequeños. Para ellos, parece que también algo bonito, así lo decían al despedirse. Me ha resultado algo muy cercano, muy tranquilo —a pesar del ruído y del calor—, y muy dulce.

«Aguilucho, te quiero mucho.»
- Ignacio -

OBSERVACIÓN DE LA SESIÓN DE JUEGO SIMBÓLICO (30')

Yolanda Margarita	— Miran cuentos de bebés.
Carolina	— Mira.
Paz Néstor Beatriz Alicia	— Pintan en la pizarra.
Octavio Juan César Jaume	— Luchan, son indios, y al rato mosqueteros.
Susana	— Me sigue.
Mireia Adela Irene	— Se disfrazan de «enanitos».
Cleo Carmen	— Se ponen cosas del tesoro.
Mara Lucía Conchi	— En la cocina «haciendo las papillas».
Mariví Caterina	— Se pelean y se reconcilian.
Ángel	— En el garaje.

5 mayo 1995

Me vienen imágenes sueltas de lo de ayer: Ana con un biberón en la boca, Juan extrañado ante los pies tan pequeños de Montse, Ángel distraído jugando en la cocina...

Cada vez que lo pienso..., ocho bebés y dos embarazadas... ¡No ha faltado ni uno! Es un grado de participación tan bueno...

Hoy cada cual ha hablado un poco de su mamá. Luego le han hecho un pequeño regalo (un florero a todo color, que se plantaba y todo, y una tarjetita, con la mamá dibujada). Seguidamente detallo sus comentarios:

Pilar: Mi madre es guapa, y siempre está contenta. Le gusta ponerse vestidos.

César: Cuando mi mamá se pone en el sillón, como está tan gorda, no se puede ni levantar, y yo la ayudo.

Caterina: Mi madre tiene el pelo como Cleo. A veces me riñe, pero no sé si es buena o mala. Le gusta mucho comer.

Carolina: Mi madre a veces me riñe, porque hago algo malo..., la muerdo... Se pinta poco porque no le gusta. Sólo se pone pantalones, y tiene dos faldas.

Carmen: Pues mi mamá se pinta mucho. Me compra «chuches» y me trata bien. Yo la quiero.

Irene: A mi madre le gusta ver las noticias. Fuma poco. Le gusta pasear.

Mireia: Mi mamá me trata bien, y también mal. Y si me trata mal, yo le pego. Tiene mucha ropa de bebé. Le gusta tomar cerveza sin alcohol, y agua. A veces tiene mucha angustia y vomita.

Beatriz: A mi madre le gusta mucho que le den besos, y pintarse. Tiene un lunar, y yo otro igualito.

Marga: Algunas veces Jorge y yo despertamos a mi mamá, pero no se enfada. Le gusta ir a las fiestas y pintarse los labios. Nos hace el desayuno.

Yolanda: Mi madre a veces se pone faldas y también se levanta antes que nadie. Le gusta más no pintarse los labios, pero a veces se los pinta.

Lucía: Yo voy a la cama de mi madre y la despierto. Y por la mañana nos quedamos juntitas, y yo doy patadas, y me deja. Le gusta mucho mi pelo, y por eso jugamos a peluquerías.

Juan: Mi madre es rubia. Me iba a comprar un «Power» y yo le dije: no me lo compres que se te gasta el dinero. Mi madre es buena y tiene los ojos verdes como yo.

Octavio: Mi madre a veces se pinta los labios y cuando yo estoy durmiendo no me deja ni dormir. Se va a tomar una cena a veces con nosotros, porque somos sus hijos.

Adela: A mi mamá le gusta ponerse faldas y pintarse los labios y los ojos, pero eso es cuando se va a pasear, en casa no. Me trata muy bien. A veces se pone pantalones, y otras vestido.

Conchi: Mi mamá cuando se levanta es porque el bebé llora, pero como tiene sueño, se acuesta otra vez. Yo no la dejo dormir y le digo: levántate; pero ella no se levanta.

Mariví: Mi mamá algunas veces me grita, pero poco. Le gusta comer y ver la «tele». Por la noche me cuenta cuentos.

Susana: Mi mamá se pone faldas y se pinta los labios y hasta la cara.

Mara: Mi madre nunca se enfada, pero algunas veces sí. Yo no sé lo que le gusta a ella, porque siempre hace lo que yo quiero.

Ángel: Mi mamá siempre está contenta y me trata muy bien. Le gusta pintarse. Yo la veo bien.

Paz: Mi madre se pinta y se pone faldas o pantalones. Tiene pendientes largos. Se da besos con mi padre «en los morros».

Néstor: A mi mamá le gusta tomar el sol, porque le duele la espalda. Me compra «chuches» cada día, pero sólo una cosa. Le gusta ponerse pantalones y faldas pero a mí me gusta más cuando lleva faldas.

Cleo: Algunas veces despertamos a la mamá. Le gusta irse a las fiestas y a cenar. A veces me riñe porque hago cosas mal. Conmigo... bien, estamos bien.

Ana: Mi madre es mediana. Tiene ropa de bebé. Me trata mal porque cuando jugamos a las cartas me dice: ahora voy a ganar yo, y me saca la lengua. También me dice: hola, cara de bola.

Alicia: Mi madre a veces se pone vestidos y más me trata bien que mal. A veces me compra «chuches» para luego si me porto bien, sobre todo en el avión. Ella lo que quiere es tomar el sol.

8 mayo 1995

Cómo se autorregulan. Qué diferentes ritmos personales y familiares. Hoy Mireia ha recogido su libro sobre los bebés y su muñeca. Cleo su caca de broma... Parece que ellas han dado el tema por acabado. En cambio Irene ha traído hoy su foto y su encuesta, y Beatriz un vídeo. Unos acaban, otros empiezan y las propuestas van realizándose poco a poco... ¡Un grupo!...

9 mayo 1995

La semana pasada, en el curso que estoy dando con Óscar Ventura, hablamos sobre cómo encarar en clase temas como el miedo, la muerte, las situaciones difíciles o dolorosas... La idea era transmitir que «todo eso» forma parte de la vida afectiva y, por tanto, de las personas, y que no podemos dejarlo a un lado, sino incorporarlo a la marcha de la escuela, a la vida de grupo, al ambiente particular que se crea entre la gente cuando convive.

Los asistentes se pusieron a hablar de sus vivencias en torno a este tema, pero no de las escolares, sino de las «privadas», de las familiares.

Poco a poco, y sin casi hacer ningún esfuerzo, llegamos a la conclusión de que según como cada cual haya vivido estos avatares, así actúa luego en su vida personal, y también en la profesional.

Me gustó la seriedad con que se profundizó en el tema, y sobre todo, que una de las asistentes dijera que antes no se enteraba de que a los niños les inquietaran estas cosas, y que ahora, cuanto más los escucha, más lo comprueba.

Ayer empecé a hacer los informes de fin de curso. Resulta una tarea realmente costosa. Son largos, exhaustivos. Aunque tenga anotaciones de todo tipo, siempre parece que va a «faltarme» algo (y así suele ser). Sería imposible haberlo visto todo, haberlo analizado a la perfección, haberlo reflejado con propiedad, etc.

Un informe es simplemente una aproximación al momento concreto de evolución de cada niño. Sin suponer exactitudes, ni absolutos de ninguna clase. Y con la seguridad de que, al cabo de un tiempo, habría que hacerlo diferente, porque los niños siguen en marcha creciente, cambiando de día en día.

He calculado que tardo dos horas con cada informe, si estoy inspirada, y no me surgen dificultades. A veces, no acabo del todo convencida y tengo que acudir a un compañero para que me dé una visión «desde fuera».

He empezado pronto, a ver cómo se da el trabajo...

10 mayo 1995

Hoy ha venido Roser Ros a la escuela, como el año pasado. Estaba dando unas charlas sobre el cuento, y la hemos invitado a comer y a contarnos historias. Ha sido muy bonita la tarde con Roser, su ramo de flores al lado y sus cuentos seductores en la boca. Dos cuentos, dos. Y qué musicales, y qué provocadores de emociones...

En su charla hablaba de que los cuentos han de convencer, han de persuadir de que la vida... se puede aguantar, y de que es buena y amable. Y también, y sobre todo, han de distraer, como si fueran un juego. Decía que nunca se cuenta «nada por nada», que todo se hace por algo, y que existe todo un triángulo amoroso: «el que narra, la historia y el que escucha». El cuento es moneda de cambio afectivo, decía. Y añadía que la voz, el oído y la memoria eran «como tres hermanos», elementos clave en el contar. Más la «prima respondona», la imaginación. Y luego ya, la «pariente culta», la escritura. «La subjetividad es la que manda», repetía una y otra vez... Y estoy totalmente de acuerdo. En los cuentos, y en todo lo demás.

15 mayo 1995

Hemos dado por acabado el tema «bebés». Ya se hablaba menos de todo lo averiguado (ya «estaba»); algunos se llevaban lo que habían aportado, y los juegos cambiaban... Así que he repartido las fotos y las ropitas «de recuerdo», y hemos preparado la clase para el proyecto que haremos junto con toda la escuela, sobre la música: *El mayo musical.* De momento hay varios padres y madres, ya «apalabrados», que vendrán a tocar sus instrumentos para los niños. Hoy hemos remitido el siguiente escrito:

Amigos:

Una vez más vamos a celebrar «El Mayo Musical» en la escuela. Con esto de traer la música en directo ante los niños nos ha pasado como con «El día de los abuelos», y con algunas otras cosas, y es que se nos quedan instaladas dentro, y se convierten en esperadas costumbres, en tradiciones..., en algo muy nuestro. Seguramente será por lo bonito que resulta siempre, por la cantidad de cosas que todos aprendemos y, sobre todo, por lo bien que lo pasamos cantando y bailando juntos.

El hecho de que los artistas invitados seáis, precisamente vosotros (padres, madres, tíos, abuelos...), se añade al placer que proporciona la música por sí misma, y debe de ser por eso que este encuentro musical resulta siempre tan cálido..., y tan entretenido.

Así que, ya sabéis, quedáis invitados a cantar, bailar, o tocar cualquier instrumento musical. Tendréis un público formidable..., y diversión asegurada.

Recordad que todo nos vale:

> *Desde la armónica hasta el violín,*
> *desde las sevillanas a la «dançà»,*
> *desde el aerobic al vals,*
> *desde la habanera a la ópera...*

Os esperamos,

LOS MAESTROS

16 mayo 1995

Esta tarde, dando el curso en el Centro de Profesores de Alicante, he escuchado varias cosas interesantes: un compañero decía que para él lo importante era la «voluntad», tener voluntad era la clave para que avanzaran las personas, tanto los niños como los mayores. Al preguntarle qué era para él la voluntad, no sabía como definirla, y finalmente ha dado una explicación, tipo «virtud teologal», más en cuanto al tesón y al esfuerzo, que en cuanto al deseo propiamente dicho... Le he recordado la etimología tan bonita de la palabra: de «volo», querer; y hemos entrado en una serie de comentarios de todo el grupo sobre la importancia de tener ganas de hacer algo, de desear aprender, de ese querer que nace de adentro, y no de la simple puesta en marcha de un hábito, esfuerzo o demanda externa por hacer las cosas. De cómo el niño desea saber y eso es lo que le mueve, y a lo que hay que dar paso. E incluso es lo que nos conmueve a los maestros —acompañantes—, y nos hace volver a aprender con ellos, a su lado en la andadura de reinventar o descubrir la realidad.

También ha salido la idea de que el maestro tiene un punto de «exhibicionista» suficientemente consistente como para ponerse ahí en medio, a la vista de los niños y padres..., y «mostrarse». En broma comentábamos que a ver si lo que queríamos era «enseñarnos», y no enseñar.

Una maestra con treinta años de profesión a sus espaldas decía que parecía que en mis clases no había problemas de disciplina, «porque los niños lo pasaban bien todo el rato, en cambio en su clase todo iba funcionando mientras se hacía psicomotricidad, asambleas, cuentos..., pero en cuanto les daba la "hojita" se armaba el lío».

Hablamos entonces de las hojitas con sus grafías extrañas al niño, con sus números, con su obligatoriedad y su precisión de pulcritud... Las pusimos en relación con lo que estábamos hablando y..., la verdad, no tenían nada que ver.

Una tarde interesante.

En clase, hoy, Ángel ha vuelto a pintarse a sí mismo como un bebé, y al lado ha hecho una especie de monstruo con una gran boca, del que ha dicho: «es algo que no sé qué es, pero pincha, y tiene una boca enorme». Repite mucho lo de dibujarse como un bebé.

Al medio día Beatriz se ha quejado: «unos niños me han molestado, y me han bajado las bragas». Estaba un poco agobiada. Varias niñas más la acompañaban, y se «condolían» con ella. No sabían quienes eran y les he pedido que lo averiguaran. Por la tarde vienen todas en comitiva a avisar que estaba volviendo a pasar aquello.

Salimos al patio y ellas buscan a los niños que asustaban a Beatriz. Nos sentamos a hablar del asunto, los espectadores nos rodean. Beatriz expone su queja, los «acusados» se callan, o lo niegan. Por medio de preguntas como:

—¿Y ella quería que la vierais o no?
—¿Le pedisteis permiso a ella?
—¿Os gustaría que os pasara a vosotros?

... Y demás, sacamos una conclusión general rápida:

—Si uno quiere ver sin ropa a otro, no pasa nada, pero el otro ha de querer también. Se le tiene que preguntar, si no, no puede ser.

17 mayo 1995

Hoy se ha repetido lo de ayer con otros protagonistas. Lo hemos vuelto a comentar a la hora de la merienda, y ahí ha salido:

—Que a Mara le han visto el culo no-sé-quién, porque ella quería.

—Que a Carmen y a Cleo también les gusta eso de bajarse las bragas..., pero en el tubo.

—Que a la mayoría no les gusta.

Mireia matiza que a las chicas también les gusta que los chicos se bajen los pantalones para verles las pililas.

18 mayo 1995

Hemos enviado a los padres este pequeño escrito sobre los inicios del proyecto sobre la música:

¡Otro mayo musical!:

Hay cosas que merecen ser rescatadas de la cotidianeidad, y vestidas de domingo, como este festivo proyecto que celebramos en la escuela hace ya cuatro años, y que nos hace sentir cada vez más que la música es realmente un placer valioso, y que da gusto poderlo compartir.

La actuación de hoy ha sido de lo más emocionante. La «Colla de Sant Antoni» tocando Dolçaines i tabalets, *los niños y los mayores boquiabiertos ante la potencia y armonía de esta música tan nuestra, tan «festera», tan cercana... Y a la vez el calor increíble de este mes de mayo traspuesto, que se ha vestido de palmas sudorosas, de bailes, de risas... y de los magníficos redobles de Conrado, un vergonzoso aprendiz de «tabaleter», de cinco años, que tenemos por aquí.*

El padre de Luis y su «colla», nos han traído un bonito presente de música popular y unas clarísimas explicaciones de lo que es la música tradicional: la transmisión de padres a hijos de las melodías, que ellos tocaban, y de la costumbre de interpretarlas para acompañar las fiestas... Música para anunciar los festejos, para despertar al personal, para ir a misa, para las cucañas, para la procesión, para los «nanos i gegants», para el baile...

Una fila de aficionados que se estrenaban en tocar el «tabalet», muchos (casi todos) bailando..., y, al final, las peticiones de que vengan otro día, de que repitan ésta o aquella canción, de que se queden a comer en el colegio...

Hemos acabado con la sensación de haber compartido algo bueno, expresada tanto por el auditorio, como por los músicos, y por los besos agradecidos de Beatriz, que les salta —literalmente— a los brazos, y les dice al oído que a ella... le ha gustado mucho.

Un detalle gracioso de los varios que ha habido ha sido el del «dolçainer» cuando estaba contando lo que suele pasar en las fiestas de los pueblos, y es que salen unos personajes muy importantes... que son... que son... «¿sabeu qui són?», —les ha preguntado al ver que no «caían»..., y la respuesta nos ha hecho reír a carcajadas (a los mayores, claro):

—¡Nosotros!... —han contestado los muy presumidos.

El proyecto acaba de empezar, como aquél que dice, y ya tenemos las clases llenas de instrumentos, los oídos llenos de músicas, los pies a punto de echar a bailar en cualquier momento...

La verdad es que vale la pena poner a disposición de los niños estas actuaciones musicales tan cariñosamente ofrecidas por las familias. Es tan hermoso escuchar con ellos, como ayer mismo, a la madre de Raúl, interpretando con su acordeón las canciones preferidas de los «Delfines»...

El programa previsto es el siguiente:

— Concierto de piano, a cargo de Ana Laura, amiga de Conchita.
— Concierto de clarinete, a cargo de Rosa, maestra y sustituta habitual.
— Recital de piano y violín a cargo del padre y la hermana de Clara.
— Exhibición de «rock», por los padres de Eva.
— Tabla de aeróbic, por la madre de Oregsi.
— Recital de flauta dulce, por la madre de Carolina.
— Concierto de la coral «El coro de la patata», con las madres de Sofía y Sara, y sus amigos.
*— Y la «banda sonora» del teatro del viernes, **La Cenicienta**, a cargo del padre de Mariví, y su batería.*

Serán quince días intensos en torno a la música, y esperamos que resulten igual de divertidos y entrañables como estos dos primeros que no hemos podido evitar comentar en este escrito, movidos por la urgencia que producen las emociones.

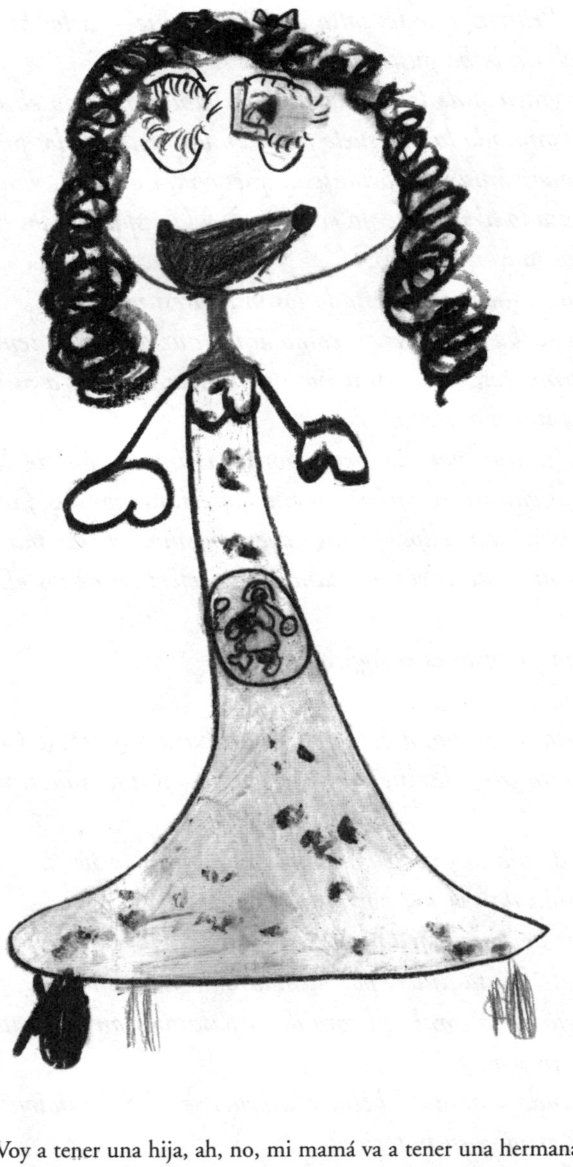

«Voy a tener una hija, ah, no, mi mamá va a tener una hermana.»
- Mireia -

0BSERVACIÓN DE LA SESIÓN DE JUEGO SIMBÓLICO (45')

Adela César Carmen Cleo Beatriz Mireia Juan	— Se meten en el armario y salen con los pantalones bajados, o las bragas, fuera hay espectadores que se ríen.
Carolina Yolanda Conchi Irene Ana Pilar Margarita Susana	— Espectadores del grupo anterior.
Mariví Caterina	— En la cocina.
Alicia	— Ve cuentos.
Ángel	— Mira de lejos.
Mara	— Con una cuna.
Jaume	— Le da vergüenza y se va, pero vuelve a mirar.
Octavio	— Con sus coches y observando también.

21 mayo 1995

Hace unos días vino una madre para informarse sobre la escuela, de cara a formalizar la matrícula de su hija para el próximo curso. Me preguntó exhaustivamente por nuestra línea educativa, por los problemas que podría tener en el instituto si no aprendía muchos «contenidos» en la enseñanza primaria, y unas mil cosas más. Casi casamos a la niña en un momentín. Al final expresó una cosa algo complicada, que era la siguiente:

—Es que yo te pregunto tanto, porque lo que necesito averiguar es si tiene razón en esto mi madre, o la tengo yo.

Se refería a las preferencias de la abuela hacia una escuela «dura y exigente, pero eficaz». Y a las suyas y de su marido de que la niña fuera feliz mientras aprendía. Es curioso ver la gran influencia que ejercen las familias, se tengan cinco o treinta y cinco años...

Hemos dado a los padres, a modo de circular, la fotocopia de un artículo de Rosa Guitard en el que habla de las normas, de la permisividad y sus peligros, del autoritarismo y los suyos... Se titula: «¿Le dejo hacer lo que quiera, o le impongo mi criterio?» Ha aparecido en la revista *Aula de Innovación Pedagógica,* y es bastante interesante. Creemos que dará pie para debatirlo en la última asamblea de padres a celebrar el próximo junio.

En el cursillo de lectoescritura (de línea constructivista), que estamos recibiendo, impartido por Ruth Pinkasz, surgió ayer tarde una serie de ideas sobre el proceso de creación de hipótesis que el niño hace antes de leer, y vimos más claros algunos de los puntos que teníamos en duda hace tiempo:

— La conveniencia o no de intervenir, de corregir, de valorar...
— El papel del error.
— Los pasos prácticamente estables del proceso.
— Los bloqueos de algunos niños por excesiva exigencia, por inseguridad, o...

— El significado de la dislexia (más un «error» aprovechable que un lacra, más una hipótesis a comprobar, que un problema...)
— Los distintos caminos que toma cada niño y cada grupo.

Una compañera comentó que en la escuela donde trabaja como sustituta, se lee a los cinco años: «Obdulio observa el ábside», «quejicoso», «santuario», «obstáculo», etc. Por supuesto, «friamente», sin entender nada. ¡Ah!, y que le han llamado la atención por hacer una asamblea y por contar un cuento. Esto quita el ánimo, la verdad.

25 mayo 1995

Ayer estuve en Madrid para dar una pequeña charla. Intenté transmitir que los proyectos de trabajo en el aula no son algo neutro, ni caído del cielo, ni modernísimo... O lo que es lo mismo, que vienen de la mano de alguien (quien los propone). Que vienen por algo, y necesitan encontrar una «buena tierra» para germinar, y ahí nombré las características de una clase con «ambiente» grupal, tanto de trabajo, como de diversión. Y que no eran algo novedoso, sino el modo de aprender «de toda la vida»: me interesa una cosa, la investigo, la conozco, esto me da placer, y sigo con otra, y otra...

El coloquio fue muy rico. Había allí varios grupos que ya trabajan así, y se notaba en el tipo de preguntas tan acertadas, en las aportaciones, en cómo matizaban... Me gustó que Beatriz Trueba me presentara como alguien que «tiene muy juntos la cabeza y el corazón» (es lo que quisiera).

26 mayo 1995

Al volver a clase, les conté a los niños un poco de mi viaje, y estuvimos muy bien juntos, con los consabidos problemas de cuando el maestro falta a clase: están más cercanos, más mimosos, muy «demandantes» de atención, etc.

Ha habido una actuación de «rock» a cargo de los padres de Eva, que ha estado muy divertida. Ayer, cuando no estuve, hubo otra de piano y violín (por el padre y la hermana Clara), y la tarde anterior vino el tío de Carolina a tocar el saxofón. Un mayo lleno de música otra vez..., como preveíamos.

29 mayo 1995

Hemos terminado el pequeño seminario sobre lectoescritura... Me ha gustado contrastar y reelaborar mis ideas sobre este tema con los compañeros, aprender cosas nuevas y recordar lo que había leído sobre el proceso interno de construcción que viven los niños antes de leer. Hemos estado debatiendo un largo rato acerca de si vale o no la pena mantener una «guía» o amago de «método», o si es mejor partir del material que está a mano, en el ambiente tan lleno de «escritura» en que vivimos, y de las hipótesis de los niños, o de sus producciones individuales o colectivas. No podíamos acabar de hablar.

30 mayo 1995

El último teatro de la temporada ha tenido novedades. Un espectador, una «extra» y un músico para los efectos especiales (banda sonora).

El espectador era Guillermo, el padre de Nuria y Mireia, que lleva dos años pidiendo ver una de nuestras obras teatrales. En premio a su constancia, le hemos dejado venir y parece que le ha gustado. Al acabar (después de reírse de buena gana) nos ha dicho que le recordábamos a la *Compañía la Cubana*, con su animación callejera y su bullicio, y ha agradecido la invitación muy efusivamente.

La «extra» era Ruth, la madre de Eva, que tenía, desde hace tiempo, ganas de acompañarnos en una de las representanciones, al ver lo bien que las vive su hija. Ha salido de hermanastra de la Cenicienta, y lo ha hecho estupendamente.

Y el músico era el padre de Mariví que, armado de congas, maracas, platillos y bongós, permanecía en el fondo del escenario, para ir introduciendo redobles y demás acompañamientos a lo largo de la obra. El caso es que, como «los artistas» no nos tomamos ni un respiro, no ha habido modo de que metiera baza, apenas unos cuantos golpes de timbal, las doce campanadas del reloj del palacio..., y poco más. Menos mal que se ha reído de lo lindo.

César hoy ha traído una «tirita», «por si se hacía una pupa», y me la ha estado enseñando todo el día. Por la tarde, en el patio, se ha hecho un roce... y ha podido, al fin, colocársela entre grandes aspavientos. Es curioso que al verlo esta mañana he pensado: «es capaz de herirse para utilizar la tirita», y mira por donde, así ha sido. Me ha hecho recordar a aquella niña que se trajo cinco o seis braguitas «por si se le escapaba»..., y se le fue escapando justo tantas veces como bragas había traído. (¿Puntería, casualidad?... Más bien creo que ellos saben lo que quieren hacer, y lo hacen, del modo que pueden.)

Caterina ha venido con un traje de sevillana porque como «es para bailar»... y estamos con la música... Total, que se lo ha colocado, y ha caminado con tales bríos todo el día, que por la tarde había levantado la tapa de los tacones.

Beatriz ha traído una radio pequeña, igual que el magnetófono de clase pero «en miniatura». A todos les ha encantado. La ha puesto, para amenizar el trabajo, en la mesa, y luego en donde tenemos los instrumentos de música. Un día con cosas nuevas, tan originales y graciosas como ellos mismos.

Lo de Conchita ha sido algo diferente. Nada más llegar ha dicho en tono de triunfo: «¡hoy viene mi mamá con Ana Laura a tocar el piano!». En ese momento he recordado que así habíamos quedado el otro día, pero, al no anotármelo..., lo había olvidado. Total, que, preparamos rápidamente el recibimiento. Ana Laura tocó el piano, y se fueron. Ya por la tarde, Conchita se acercó a decirme:

—Oye, ¿por qué no te apuntaste que venía mi madre?
—Pues no sé, se me olvidó, lo siento mucho, me equivoqué.
—Sí, pero para apuntarte las poesías no te equivocas nunca, y en esto sí que te has equivocado.

Casi nada. Una crítica en toda regla..., y con razón. Suelo anotar las poesías que ellos inventan en una hoja en la pared, y lo hago enseguida «para que no se me olviden». Así lo digo con frecuencia para abrirles el apetito por escribir, para que vean la utilidad de hacerlo y..., sobre todo para, no olvidarlas. Por eso Conchita se me quejó con tanta claridad... Le pareció que yo no tenía en cuenta lo suyo...

31 mayo 1995

Veo que Ángel, Alicia y Néstor van jugando cada vez más frecuentemente con otros compañeros, y lo comento en voz alta: «hay cambios por aquí, me he dado cuenta de que antes había unos cuantos "Pingüinos" que jugaban solos, y ahora ya no están solos nunca, ¿verdad?» Claro, —contestan varios—, son Ángel, Alicia y Néstor.

Todo estaba controlado.

3 junio 1995

He estado unos días en Barcelona para visitar algunas escuelas infantiles. Era un viaje organizado por la revista *Infància.* Es impresionante lo mucho que se aprende al ver cómo se organizan otros. Cómo atienden a los niños, cómo riñen, o cómo celebran. Las instalaciones eran muy buenas en las escuelas municipales (Le Forestier es la que vi en concreto ¡Qué rato tan agradable!). En los parvularios, las tareas me recordaban a mi escuela en muchas cosas: vimos una sesión de talleres, otra de psicomotricidad, el patio, un cumpleaños... (*L'Escola del Bosc* y *Tres pins* fueron las que visitó mi grupo.)

En ésta última trabajaban también en la integración de niños sordos, y me pareció muy interesante lo que nos explicaron sobre el lenguaje de los signos, la lectura de los labios, la discusión sobre si conviene una cosa u otra, su decantamiento por la primera o la combinación de ambas, las relaciones con los padres...

También estuve en la *Casa dels Colors,* una experiencia fuera del marco de la escuela, con niños de cero a tres años, que acuden al centro dos veces a la semana con sus familiares, para estar con otros niños jugando. Las madres, u otros acompañantes están atendidas durante un rato por una educadora; se habla de las dudas sobre educación de los niños, y de cualquier cosa que quieran o necesiten. Muy bonito. Se lo había escuchado contar a Ignasi Vila y a Montse Jubete en el congreso, pero verlo ha sido mejor. No todo está en la escuela. Hay tantas otras posibilidades por probar, por inventar...

A los niños les conté lo que había visto (un resumen, claro), y les dí lo que les traje: dos cuentecitos de miedo, una pelota rugosa (con sonido de cascabel y olor a fresa) y cinco tarjetas de Joan Miró, «un pintor que pintaba como los niños», les dije.

Lucía propuso enseguida un taller para hacer la pelota, a la que debíamos echar purpurina. Cleo matizó que había que recortarla, y pintarla por los dos lados.

Beatriz sugirió hacer otro taller para copiar los monstruos de los cuentos. Néstor la apoyaba entusiasmado.

Carmen quería pintar la *L'Escola del Bosc* con árboles y casitas para jugar, y yo di la idea de pintar «como Miró». Fueron unos talleres estupendos.

5 junio 1995

¡Ha nacido Luz, la hermana de César! Los dibujan a los dos, le hacemos un «cartel aviso» para que todo el que entre, se entere del acontecimiento, y le damos un aplauso a cada rato, para animarlo ante lo que le vendrá. Él reparte unos caramelos entre los compañeros, con una cara «mezclada» entre la emoción y la indiferencia.

7 junio 1995

He estado en Altea dando una charla titulada *Proyectos verdes en la escuela infantil*. Era el inicio de unas jornadas, que tenían aspecto de ser muy interesantes.

La charla fue bien. Muchas preguntas. Mucho interés. Lo que veo que nos cuesta más a los maestros es desprendernos de las obligaciones terribles, del «no dejar lagunas».

Sale siempre este asunto, y noto una gran resistencia ante la idea de que no todos los niños han de aprender las mismas cosas. ¡Como si alguna vez las aprendieran todos y por igual...!

Cuando hablamos de las diferencias, de cómo aceptar, respetar y valorar la diversidad en el aula o en la escuela, lo hacemos muy parceladamente. Sólo hay que aceptar «lo diferente» en determinados momentos, se ve. En cambio, luego, nos abrazamos a la igualdad, como sinónimo de homogeneidad, de uniformidad. Buscando una regularidad tranquila, controlable, conocida... La divergencia se nos puede ir de las manos, la igualdad es mucho más manejable...

8 junio 1995

Una mala noticia: la perra de Adela la ha mordido en la cara. Le han dado puntos, y ha estado en el hospital. Nos lo cuenta Mireia, que es su vecina, y nos quedamos impresionados. Durante el día hablan de ella, y hablan de la muerte. Les propongo dibujarla, y le hacemos un librito de regalo, que le llevará hoy Mireia, junto con el álbum de fotos de la clase para que se acuerde de nosotros, y se cure pronto.

9 junio 1995

Les explico que fui a ver a Adela porque estaba muy preocupada por lo que había pasado, y necesitaba verla. Les recordé que no suelo ir a las casas, ni a los cumpleaños, pero que esto era distinto, y decidí ir. No hay quejas.

Les traía muy buenas noticias: Adela estaba mucho mejor, y les mandaba recuerdos. Se había asustado mucho, porque pensaba que podía morirse —me lo explicó ella misma—, pero al ver que no, se calmó y se puso más tranquila.

OBSERVACIÓN DE LA SESIÓN DE JUEGO SIMBÓLICO (40')

Caterina Margarita	— Discuten por el álbum de fotos.
Octavio Beatriz Juan César Jaume	— Hacen una banda de múisca.
Carolina Paz	— Me piden que ponga a Verdi.
Yolanda Adela Cleo Carmen	— Se disfrazan.
Conchi Pilar Ana Mariví	— Juegan en la cocina.
Ángel Alicia Néstor	— En el garaje.
Irene Mireia Mara Lucía	— Juegan a bebés.

Se van agrupando prácticamente todos. Los juegos son elaborados, con planes, acuerdos, discusiones..., con muchas palabras.

12 junio 1.995

Hemos empezado a construir la foguera, que plantaremos posteriormente, y que quemaremos celebrando las fiestas de Fogueres de Sant Joan. El lema este año es las «Fiestas populares», y ha sido tomado del entusiasmo con que recibieron y disfrutaron los niños la actuación del grupo de *dolçainers*, Colla Sant Antoni, el mes pasado.

Els Conillets harán un tiro al blanco de conejitos. *Les Gavines* un carrito de helados. *Els Colomets* las típicas cucañas. *Els Delfins* están construyendo un *gegant* (gigante) enorme, que llegará hasta el techo. *Els Elefants* y *Les Girafes* harán un *dolçainer* y un *tabaleter.*

Y nosotros, *Els Pingüins*, nos encargaremos de los *nanos* (enanos), que por elección de los artistas falleros, serán un *Pinocho y una Pinocha.*

13 junio 1995

A raíz de esto de la foguera, les llevo una poesía de *Pinocho*, que hice hace ya tiempo, y un cuento del famoso embustero «Nariz-larga».

Pinocho por sus trajes descubre cosas
como yo cuando me echan agua de rosas.

Cuando Pinocho viste
de azul y blanco
es porque Don Guepeto
lo lleva en barco.

Cuando Pinocho calza
botas gigantes
es porque al campo marchan
y él va delante,

Cuando Pinocho lleva
pantalón claro

es, sin duda, una fiesta
de tiros largos.

Cuando Pinocho queda
con calzón roto
es que no está el ambiente
para alboroto.

La poesía estaba escrita en un librito en el que había otras más, y, a petición de Lucía, les leo unas cuantas. Al llegar a una de ellas, que trataba sobre una *Alicia en el País de las Maravillas*, Lucía me grita: «para, para, que ésa nos sirve para Alicia, apúntala en otro papel»:

Alicia
se peinaba con las bombillas
y siempre tenía el pelo
brilla que brilla.

Alicia
se lavaba con las natillas
y tenía la piel suave
y de maravilla.

Alicia
se tumbaba en blancas puntillas
y olía a bocadillo
de mantequilla.

Alicia
se frotaba por las mejillas
y le salían los besos
como rosquillas.

Y lo mismo pasa con dos más, que les «valían» a César y a Ana, me parece. El caso es que las anoto aparte, y... como era era de prever, escucho una «queja-demanda-propuesta» de Lucía (que se ve que era quien más claro lo tenía desde el principio): «¿y yo, tendré una poesía larga de éstas tan bonitas...?».

Total, que me veo haciendo poesías para todos a marchas forzadas...

14 junio 1995

Caterina lleva tiempo diciendo con cualquier motivo: «¡ay, cuantos días sin oir a *Grieg*, cuantos días sin contar el cuento del *Monstruo peludo*, cuantos días sin...!» Y es que se va ir a la escuela a la que va su hermano mayor, el curso que viene. Parece que intenta despedirse de todo lo vivido aquí, intenta recordar al máximo lo que le ha dado placer, retenerlo..., quedárselo. De pronto mira a Mariví, su amiga del alma, y le dice: «no te preocupes, me verás en los desfiles de las fiestas, porque yo saldré de alicantina». O coge sus pendientes preferidos del «tesoro» de clase, y los acaricia...

Recogiendo su sentir, hoy empezamos el día con una breve explicación por mi parte, acerca del próximo septiembre. Les cuento que Susana, Pilar y Caterina, después del verano, irán a otros colegios, y que tendremos que despedirnos poco a poco, para que no nos dé tanta pena. Invito a las tres a sentarse delante de todos, y recordamos juntos lo que más les ha gustado a cada una de ellas. Les pido que digan qué es lo que quisieran recordar, y lo anoto para irlo haciendo efecto en estos días que nos quedan. Quedamos en escuchar a Grieg y a Verdi, en bailar el «ñitos», el «Jon Brown», y la «polka de los soldaditos». En pintar en color violeta, y en hacer teatros «de bebés y de miedo», disfrazados con las cosas que tenemos en clase.

Despedirse, después de haberse encontrado, no es tan sencillo.

15 junio 1995

¡Adela ha vuelto! ¡Qué alegría! Todos la rodean, la tocan, la miran, la siguen... Nos ha contado lo que le pasó, lo que pensó, lo que la asustó, la ilusión que le hicieron los dibujos que le mandamos de regalo...

Estamos muy contentos, hay un ambiente calmo y alegre. Entonces les anuncio que hay otra buena noticia; las poesías «largas» que querían, ya están acabadas. Se las voy leyendo, y noto casi palpablemente su emoción: en las caras que ponen, en los breves comentarios, en las sonrisas, en los asombros. Estamos todos «cargados» de sentimientos. Es placentero ver cómo se abren paso las palabras hasta los oídos y los «corazones» de los demás, y notar cómo llegan adentro, cómo son «entendidas» o, mejor, percibidas por cada uno de ellos. Me las hacen leer dos veces, y me piden una «copia en foto», como les llaman algunos a las fotocopias... Después de un rato de descanso les he pedido que las ilustren, y les he asegurado que ya se las daré para disfrutarlas en casa. Realmente ha sido un intenso momento de comunicación de todo el grupo. Ha valido la pena el esfuerzo.

Me viene a la memoria la curiosa reacción de Caterina. Al escuchar su poesía, dice alarmada: «¡ay, oigo petardos!». Los demás le aclaran que no se oye nada, y ella, con un suspiro, lo acepta y dice: «ya, es que como me voy a otro cole, estoy nerviosa»...

Al volver del patio hemos dado los últimos retoques a los nanos para la foguera. Han quedado gordos, relucientes y graciosísimos. ¡Qué día tan intenso!

16 junio 1995

Parece que en este último mes se han acumulado las novedades. Hoy les he enseñado a los «Pingüinos» el libro que me han publicado y acaba de llegar por correo... ¡Estaba tan contenta!... Les he dicho que lo que yo escribo cuando ellos hablan me sirve para «juntarlo» y adornarlo con fotos, y así se hacen luego los libros para que los lea quien quiera. Jaume estaba en una de las fotos, y se ha quedado boquiabierto al verse allí. El título del libro también les ha chocado *La oreja verde de la escuela*, y les he explicado que es una oreja que escucha muy bien lo que hablan los niños. A continuación, han dibujado una gran oreja verde cada uno, y dentro le ponían «lo que escuchaba su oreja». Ha habido quien oía a su hermano gritando, a su gato, o la música de Verdi, o a su amiga diciéndole un secreto... Muy bonito.

El último rato de hoy ha sido para arreglar la clase, porque había asamblea de padres. (La cuento un poco más adelante.)

Alicia, al irse, me ha dicho que ella se creía que lo que yo apuntaba era para «los cuadernos» (así le llaman ellos a la revista *Cuadernos de Pedagogía*, en la que suelo colaborar), y no para hacer «un libro gordo».

19 junio 1995

¡Menuda fiesta de Sant Joan! Teníamos en clase quince niñas vestidas de «alicantinas» (traje propio de nuestras fiestas) sin que les faltara un detalle; más dos moros y dos moras; así como una comparsa de niños con *saragüells,* zaragüelles (traje popular compuesto de una especie de calzón blanco y holgado en forma de pliegues). El capitán de la comparsa era Néstor, que vino «de cristiano», con una gran capa, espada y cruces a montones.

Hicimos la presentación de la fiesta con la asistencia de la *Bellea* infantil de la F*oguera Port d'Alacant*, Teresa (hermana de María, de la clase de los «Delfines», y «antigua» alumna del centro). Después el desfile, la *cremà* previo indulto de un *ninot* (muñeco), que este año ha sido un conejito; y por último inauguramos la barraca, en la que se servían frutos secos, patatas y refrescos para todos. El baile, ininterrumpido hasta la hora de comer, dio amenidad y ambiente a un día calurosísimo, y lleno de un gran trajín de intercambios de ropajes entre unos y otros, de mirarse al espejo, de desfilar, de hacerse fotos... Como siempre, una buena celebración. Cansada, pero valiosa y divertida para todos.

20 junio 1995

Y por fin llega el último día de clase... Los suspiros de Caterina son frecuentes; y los besos entre ellos, y el pedirme que les lea sus poesías... Se avecina un día lleno de emociones.

A las diez asistimos a una «demostración» de magia y payasos, a cargo de Reme y de Valentín, para despedir a los «Elefantes» y a las «Jirafas», que hoy están por última vez en el colegio (el curso próximo irán a primer curso de Primaria). Ellos mismos han elegido estos días atrás lo que querían ver, y lo han votado, ganando la magía, y quedando en segundo lugar el teatro de *La Cenicienta*.

La sesión de trucos y bromas resulta, en efecto, divertidísima. Acabado el buen rato, los «mayores» de la escuela se quedan a decirles adiós uno a uno a sus maestros respectivos, Pepe y Valentín; y los demás nos volvemos a nuestras clases. Aprovecho para pedir a los «Pingüinos» que me dibujen para tener un recuerdo suyo este verano, «por si me dan de pronto ganas de verlos»... Me pintan con toda dedicación y esmero, y me guardo los dibujos «para mi casa», porque verdaderamente son preciosos. Tan parecidos a ellos mismos, tan diferentes entre sí, tan bonitos... Los comentarios que van diciendo también son muy bonitos:

—A ella le gustan las cajas.

—Sí, y los pájaros.

—Y cantar.

—Y bailar.

—Y hacer poesías.

—Y los teatros.

—Y los pendientes largos.

—Y los talleres.

—Y disfrazarse.

—Y pintarse los ojos y los labios.

—Y los tacones y las pulseras.

—Y las falditas.

—Y casarse.

—Y presumir.

—Y leer.

—Y reírse.

—Y ponerse elegante.

—Y trabajar.

—Y los libros con muchas palabras...

Después, hablamos ya poco. Hacemos un corro y, uno a uno, pasan por el círculo de amigos, despidiéndose según quieren. Los hay que sólo se miran, los hay que se abrazan muy fuerte, otros se dicen adiós con la mano, otros casi ni se mueven... Yo también paso por ese cerramiento redondito y cariñoso y, esta vez, no me prohíbo acariciarlos y darles un beso, un abrazo, un empujoncito... Acabamos colorados y contentos, además de bastante alterados por tanto derramamiento de afecto.

Luego, por el patio, seguimos hablando, sentándonos cerca, haciéndonos bromas... Y después de comer, el reparto de los trabajos del tercer trimestre, y el informe de fin de curso, y... a casa.

Caterina salía dando tropezones. Juan me recordaba que nos veríamos seguramente en la playa. Beatriz me besaba el brazo... Fin de curso. Hasta el próximo. Buen verano a todos...

¡Qué rara me quedo mientras recojo las cosas! ¡Qué silencio tan pesado, y tan distinto a los demás días! ¡Qué «vacío»...! Sin darme cuenta casi tarareo la poesía de Ángel, que tiene una melodía incorporada... Me cuesta hacerme a la idea de que no los veré en tanto tiempo. Qué cosas. ¿Siempre me va a pasar lo mismo?

Haciéndoles los informes este tiempo atrás, me descubría sonriendo al recordar alguna «escena»: Octavio luchando con Jaume a espadazo limpio, Mariví y Caterina cogidas del brazo con sendos «hijos» metidos en la barriga, Adela rodeada de gente que la tocaba al volver recuperada de lo del mordisco del la perra..

Ha sido un curso bueno. Muy vital, y muy lleno de acontecimientos, de trabajo, de cariño, de reflexión... Quizás algo «acelerado» de más, como de costumbre en mis clases. Lo veo todo tan «aprovechable», tan susceptible de ser transformado en algo útil para aprender y para disfrutar..., que les «contagio» esta manía, y andan los pobres medio rendidos recogiendo tesoros, piedras, plumas o palabras... «por si nos valen».

Ahora, como les decía a ellos, y como les dije a los padres el otro día en la asamblea, el grupo, como tal, ha terminado su andadura. Lo que vendrá después será otra cosa. Para ellos y para mí. Ya no estarán Susana, ni Pilar, ni Caterina; habrá niños nuevos, cambiaremos de aulas... Otros espacios, otras «constelaciones grupales», otras bromas, otros ambientes.

Mientras recojo la clase me iré desconectando poquito a poco de lo vivido. Según pueda. Permitiéndome los recuerdos, los olvidos, y las añoranzas...

Y después... a descansar.

A MODO DE EVALUACIÓN

Intento ver «en perspectiva» lo que ha sido este curso para el grupo concreto de niños y niñas, y para mí, pero me vienen tal cantidad de imágenes, de detalles, de acontecimientos concretos..., que tengo una gran dificultad para mirar con cierta distancia reflexiva. (Parece que los afectos me invaden excesivamente en este final de curso.)

Me serviré, pues, de la síntesis que expliqué a los padres en la última asamblea.

1. ACONTECIMIENTOS.

Este punto resultó tan largo y tan rico, que creo que habría que valorarlo como un indicativo de que la dinámica grupal, «el ambiente» de este colectivo, ha sido sido muy creativo y lleno de vida. Les conté someramente las fiestas celebradas desde que no nos habíamos visto: Carnaval, El día de los abuelos, *les Fogueres de Sant Joan*, las excursiones al Safari y a la playa, y la estancia de Maite (alumna en prácticas de Magisterio).

Después vinieron los acontecimientos sociales: el accidente de Adela con la perra, el nacimiento de cuatro hermanos, el embarazo de la madre de Mireia, las varias visitas (la de Roser Ros, y las del último teatro del curso).

Luego, les comenté el diferente modo en que ven ahora mis viajes para dar charlas, cursillos, etc., y que se ha pasado de una actitud extrañada y observante al principio del curso, a una gran atención y a una derivación hacia propuestas concretas de trabajo con las cosas que les cuento que he visto o hecho.

Y como último acontecimiento, les conté la presentación en clase de mi libro *La oreja verde de la escuela*, y los comentarios, dibujos y conclusiones que sacaron los niños al ver plasmadas en el texto algunas de las vivencias diarias de la escuela.

2. TRABAJO.

En cuanto al trabajo, les hablé del gran avance que he visto en todos y cada uno de los niños, con sus diferencias particulares, por supuesto:

- Una mayor madurez en atención, interés, motricidad fina, finura en la percepción, lenguaje, capacidad de comprensión, expresión, representación, relación, evocación y organización.
- Una mayor creatividad y capacidad de proponer.
- Mayor consolidación y mejor nivel en el trabajo de proyectos, en los talleres, en la prelógica, y en las asambleas, votaciones, teatros, poesías, cuentos...

También les conté las preferencias más recientes de los niños en cuanto a las tareas:

Rimar, contar, trabajar en talleres, escribir y reconocer sus nombres, recordar todo lo hecho y aprendido, y trabajar en proyectos; de los cuales ha habido tres en este último trimestre: *Los pájaros nos gustan, Antes todos éramos bebés* y *Mayo musical* (proyecto colectivo de la escuela).

3. EL GRUPO.

Intereses, relaciones, ambiente.

- La sexualidad, la muerte y el nacimiento siguen interesándoles, como ha pasado a lo largo del curso.
- Surgen preguntas frecuentes acerca del poder:

— seguramente por el movimiento que se da en los subgrupos.
— por el incorporamiento al juego en grupo de algunos niños que jugaban solos.
— por los grupos que se rompen, se abren, se consolidan.
— por los roces y búsquedas de acuerdo.
— por el planteo de los conflictos ante el grupo grande...

• Conocer y "crecer" en grupo. Lazos afectivos entre ellos, es difícil (x a ellos) IDENTIFICARSE, se buscan similitudes y cosas q no les gustan. Unión TOTAL al grupo

• Ha bajado un poco la centración, tan propia del momento evolutivo, y ha subido el buen ambiente grupal. Hay bromas, bailes de parejas o de grupos..., se dibujan unos a otros, se dedican poesías, se cambían de novios.

• Hay fuertes «pasiones» entre ellos. Las manifiestan hablándolas, o con abrazos, besos, llamadas telefónicas en las casas, visitas. Se habla de lo que va pasando: noticias, conflictos, quejas, pensamientos, críticas.

• Lo que más les cuesta es aceptar las diferencias que hay entre ellos , aunque se verbalizan los valores de cada cual, y los cambios que se van produciendo. Tienden a identificarse con el cariño y con una especie de mimetismo, que da una aparente impresión de complicidad, de apoyo mutuo, de igualdad: «yo ya no me llamo Mariví, me llamo Caterina»; «nosotras somos gemelas», «Octavio y yo somos primos»; «quiero que me corten el pelo como a Cleo».

• Hay una fuerte sensación de pertenencia al grupo (y, al final, una clara manifestación de no quererlo romper).

•Van mencionando que se van tres, que irán a otras clases. Me preguntan si yo estaré con ellos. Intuyen y temen el cambio y la separación, a pesar de conocer, y también nombrar, las ventajas de crecer: serán más mayores y más altos, se podrán bañar, irse de vacaciones..., y además las otras clases son muy bonitas, y los otros colegios también.

Les cuento a los padres los paseos que hemos dado para recordar todo el colegio, los cuentos, las canciones y bailes que querían volver a disfrutar... Tambien les hablo del álbum de fotos de clase, y de la lectura de «sus poesías largas».

Y acabamos el tema del grupo con otro punto muy del momento evolutivo: la invasión que hacen en el espacio de los padres, el «meterse en medio» de la pareja, la rabia de sentirse excluidos..., y sus variadas manifestaciones, pasarse de noche a la cama grande, interrumpir las conversaciones o las caricias... les gusta sentirse únicos en casa.

En resumen, mi evaluación fue:

Como escuela, veo que ha habido un buen trabajo de equipo; que hemos seguido la planificación prevista, con las variantes lógicas de la realidad; que hemos obtenido unos buenos resultados, y satisfacción como grupo de trabajo; que hemos hecho una conveniente difusión por el exterior; y que ha habido un interesante y fluido intercambio con las familias.

Como clase, creo que los niños han alcanzado los objetivos del nivel (salvo alguna excepción que tocaremos en las entrevistas individuales). Hay varios iniciando procesos de cambio y progreso en diferentes aspectos: lenguaje, autonomía, socialización... En lo social ha habido un grado de avance considerable. En conjunto, el curso ha ido muy bien; ese «no querer irse» lo demuestra, y el no faltar casi a la escuela, y el estar tan contentos y dispuestos a aprender. Lo han pasado bien, han iniciado sus primeros pasos como grupo; están ilusionados por conocer, por expresarse, por disfrutar de lo que ofrece la realidad que nos rodea.

Como persona y como trabajadora de este buen oficio, me he sentido cómoda en este grupo; acogida, querida, aceptada...

Me he divertido bastante. Me he visto impulsada a investigar sobre el tema de la transferencia y sobre cómo encarar las respuestas sobre la muerte a edades tan tempranas. Me he sentido con ganas de contar a otros lo que iba pasando, así han surgido varios artículos, este *Diario no del todo pedagógico* y hasta algunas poesías. Y también me he visto implicada en lo afectivo en un grado razonable, pienso; y por eso me alegro de haber anotado lo que hemos vivido juntos, para poder conservarlo del algún modo «vivo».

Los padres también hicieron su evaluación:

--Yo no pensaba que llegaran a trabajar tan bien y con tanta ilusión, con lo pequeños que son...

—¡Son tan amigos todos...! Con razón les cuesta separarse.

—Mi hija se pasa el día rimando, y quiere que le «apunte» todas las poesías; creo que esto es una preparación buenísima para su lenguaje y su afición por las cosas bonitas.

—Juan habla de su patrulla como «lo mejor del mundo», y en casa se pasa el rato disfrazándose para hacernos teatros; se ha aficionado tanto que no hace otra cosa.

—Carolina esta todo el día dibujando, dice que mezclar colores le encanta.

—La manera de trabajar en clase eligiéndolo todo, los colores, los talleres, los sitios..., creo que les lleva directamente a la autonomía, que tan bien les va a venir en la vida.

—A mí me asombró que mi hija supiera lo que era un «quebrantahuesos», me lo explicó en un momento y dijo que lo habíais leído en un libro de aprender cosas de los pájaros.

—Mireia quiere leer, ya no puede esperar más, anda todo el tiempo preguntando ¿qué pone ahí?

—Nosotros queremos agradecer cómo se ha recibido en el grupo a nuestro bebé, y a todos los demás, claro. Esta forma de unir lo de la casa y lo de la escuela, y hacer de lo afectivo una fuente de aprendizaje..., es preciosa, la verdad.

—Nuestro hijo tenía muchos miedos y dormía mal; y después de jugar aquí y hablarlo entre todos, lo vimos mucho más tranquilo, aunque al principio, desconfiábamos..., nos creíamos que se iba a asustar más.

—Eso nos pasó a nosotros con lo del tema de la muerte, que nos preocupamos de si le traumatizaría oír que todos nos tenemos que morir. Pero nada, ahora lo dice él tan campante.

—Yo quería comentar lo graciosa que estuvo esa reunión de los bebés y las embarazadas. Al principio estábamos todos callados, ellos y nosotros; fueron unos segundos muy emocionantes.

—Cuando le llegaron a Adela el álbum de fotos y los dibujos de regalo por lo del mordisco de la perra, se puso como loca de alegría; los miraba, los repasaba... Y nosotros al mirarlos nos quedamos impresionados porque la pintaban llorando, con sangre, con la boca abierta..., y algunos pintaban a la perra con una cara horrible... ¡Qué expresión tenían todos! ¡Qué emocionante estuvo aquello! Y al volver, nos contó ella misma que todos la perseguían por el patio de tanto que la querían...; Tenemos el librito de los dibujos guardado de recuerdo.

—A mí me gusta eso de que se hablen las cosas entre todos, porque ahora en casa cuando ella ve algo raro dice: «tenemos que sentarnos a hablar». ¡Ojalá me hubiera pasado eso a mí!

—¡Cleo ha venido tan alegre del colegio! Lo pasaba muy bien, y siempre hablaba de lo que hacíais, sobre todo de los amigos. Para ella fue el año de descubrir a los demás. Ser querida y aceptada, ser miembro de un grupo, identificarse con los otros, ha sido para ella un placer, que agradecemos.

—Las vivencias escolares de Alicia son tan ricas, ni por asomo se parecen a las mías... Mi abuelo era profesor y yo, a la edad de Alicia, ya leía hasta el periódico, pero no había nada lúdico en mi experiencia, ni grato de recordar... Sólo quedaban los palos que me daban cada vez que me escapaba del colegio; por eso siempre pensé que los colegios sólo servían para hacer a los niños desgraciados al negarles el placer que da la escuela de la vida. ¡Gracias por hacerme cambiar de opinión!.

—Nosotros estamos muy contentos de cómo ha vivido Mariví este año en la escuela. Ella suele establecer lazos de afecto fuertes, pero todavía no es lo suficientemente autónoma como para resolver por sí misma sus conflictos, y suele buscar al adulto. Aquí encontraba una actitud cariñosa, pero firme, que la invitaba a afianzarse en sus relaciones y a defender mejor su sitio, sus opiniones, sus cosas... Creemos que eso la ha beneficiado muchísimo.

Otra cosa que queremos comentar es el gran cuidado que llevan en la cocina de la escuela con respecto a la particular situación de Mariví, que es celíaca. En la cocina y en la clase todos lo saben, y se respeta sin problemas la diferencia.

¡Ah!..., y algo muy importante: en el aula se comparten mucho los sentimientos a nivel grupal, y esto les une. Me acuerdo de dos cosas significativas: el sentimiento de angustia y miedo por el accidente del perro que mordió a Adela, y el apoyo cuando Mariví tuvo que ir al hospital a hacerse más pruebas. Ella estaba asustada pero el hecho de que aquello se hablara en clase con claridad, le ayudó a desdramatizar la situación y a enfrentarla con más aceptación y fuerza. Os pedimos a todo el equipo de maestros que continuéis así... Y muchas gracias.

—Yo no sé si esto es para evaluarlo ahora o no, pero como me llama la atención, lo diré. Todos los días al traerla oigo música en la clase, y lo mismo es un vals, que una rumba, que la *Dona é mobile*, así que ya van entrando con un ambientillo agradable. Creo que es interesante lo que se ha estado haciendo con la música durante todo el curso, eso de venir los padres que saben a tocar aquí, y el bailar y el poner tanta música... Cuando vamos en el coche siempre canta canciones, reconoce instrumentos..., está muy motivada por el tema.

—Nosotros hemos visto que nuestra hija ha cambiado, y de ser un poco retraída, se ha hecho una «bailona», y está más abierta..., y alegre.

—Cuando salió el tema de los hermanos, los celos y eso, aprovechamos para hablarlo en casa los cuatro; y nos vino muy bien a todos poner las cartas sobre la mesa.

—Conchita conoce no sólo a todos los de la clase, sino a los del colegio, y, si los ve por la calle, se pone a jugar con ellos tan contenta; sabe hasta a qué clase van.

—Mara se puso malita con la varicela y no pudo venir ni a la excursión de la playa, ni a la fiesta de *Fogueres*, y lo pasó fatal. Decía : «¡me lo estoy perdiendo, mamá!; ¿es que no lo ves?».

—Octavio me decía hoy: «¿sabes, mamá...?, a los que se han ido los veré en las fotos, o por la playa, o por Alicante». Y yo veía que así se consolaba. Se van a echar de menos.

Y sí, creo que... sí; nos vamos a echar de menos. Por suerte.

He soñado con el lobo
- Jaume -

¿Pájaro o persona?
- Néstor -

Punto y final

Acabo de ponerle el «punto y final» a este «Diario» y tengo que reconocer que no ha resultado demasiado cierto aquello que decía al principio de que quería explicitar exhaustivamente mis porqués y mis cómos. Funcionan tantos y tantos hilos a un tiempo, y tan particulares..., que, en realidad, me ha sido poco menos que imposible. Lo que sí que ha estado bien puesto, creo, ha sido el título, porque, como se habrá visto a lo largo del texto, no es del todo pedagógico —ni mucho menos— estar en un aula haciendo de maestro.

De cualquier forma, ha sido un placer para mí escribirlo, y me parece que voy a añorar bastante este trío extraño que hemos formado los niños, los papeles y yo durante tantos meses.

Lo que me hubiera gustado es poder incluirlos aún más a ellos, metiditos entre las páginas del libro, como se meten los pétalos de rosa «para que duren», para que den perfume, para tenerlos cerca... Pero como no podrá ser, me tendré que conformar con las palabras, y espero que hayan sido suficientemente dulces y, sobre todo, suficientemente dignas de ellos y de sus vidas a todo color.